SMAP 中居正広

Photo & Episode

挑戦の軌跡

永久保存版

金子 健 & Jr.倶楽部

SMAPのリーダーとして、俳優として、司会者として…、
独自の道を切り開く国民的エンターテイナーの、
知られざるエピソード
デビュー当時から、最新コンサートまで、お宝フォト全100カット掲載

アールズ出版

SMAP 中居正広

Nakai Masahiro<フォト&エピソード>

CONTENTS

挑戦の軌跡◉Part 1

爆発力を秘める男

SMAPが〝月9〟を独占!?

中居正広がリーダーを務めるSMAPの人気が一つの頂点を極めたのは04年のことだ。皮肉なことにこの年、ユニットとしての活動は『SMAP×SMAP』（フジテレビ系）が光るのみだ。しかし、メンバー個別の活動は文字通り百花繚乱の様相をみせ、テレビで彼らの顔を見ない日はなかった。

メンバー5人のスケジュール調整が容易なはずはなかった。シングルCDを1枚もリリースできなかったばかりか、この年はデビュー以降恒例だったコンサートツアーを初めて中止。『第55回NHK紅白歌合戦』の出場を辞退した。

中居はこの年『白い影』以来3年ぶりのドラマとなる『砂の器』（TBS系）に主演。日曜21時台で平均視聴率19・6％をたたき出し、役者としてこれまでにない高い評価を手にした。

またほかのメンバーもそれぞれが充実の一途を辿り、木村拓哉は〝月9〟の『プライド』（フジテレビ系）に主演。稲垣吾郎はスペシャルドラマ金田一耕助シリーズ2本に加え、三谷幸喜メガフォンの映画『笑の大学』に主演した。草彅剛は彼の代表作といわれる『僕と彼女と彼女の生きる道』（フジテレビ系）に出会う。香取慎吾は、ＮＨＫ大河ドラマ『新選組！』に主演。こうした個々の活躍が輝きを増す中、メンバーのブッキングがむずかしくなり、コンサートツアーを中止せざるを得ない状況に追いこまれたのだ。

それから3年後の07年11月、ＳＭＡＰが04年当時と同じ状況に陥るのではないかと思わせる情報が明らかになった。

『〝育ての母〟が語ってくれた「月9制覇」と「メンバー愛」』（「週刊女性」07年11月13日）という記事である。記事のなかでは、08年1月期に香取慎吾が〝月9〟ドラマに登場し、4月クールには木村拓哉が抜擢されるというフジテレビ関係者の話を紹介。さらに別の関係者の話として、ＳＭＡＰの敏腕チーフマネージャー・飯島女史が稲垣吾郎と草彅剛にも、別の仕事を用意したと伝えた。さらに前出のフジテレビ関係者の話は、7月クールには織田裕二を挟み、1年を締めくくる10月クールの〝月9〟には、中居正広が登場、ＳＭＡＰが〝月9〟を制覇することになると結ばれていた。

この記事のとおり、〝月9〟では香取が『薔薇のない花屋』に、木村が『ＣＨＡＮＧＥ』に主演。稲垣と草彅の2人は、〝日9〟（ＴＢＳ系）の1月・4月期に登場した。

再び〝中居クン〟キャラで

しかし、この記事が伝えたＳＭＡＰのメンバーによる「〝月9〟ドラマ独占」は「中居本人の意向」によって実現することはなかった。

「08年に入ってすぐのこと。中居クンが打ち合わせの場で、〝10月クールはやめたい。秋はコンサートをや

『私は貝になりたい』では、ヒロインの仲間由紀恵をはじめ、石坂浩二、武田鉄矢、泉ピン子など、ビッグネームと共演。中居は、壮絶なダイエットに耐えて、周囲に埋もれない存在感を醸し出した。ちなみに上官役の石坂浩二もダイエットに付き合ったとか

るべ〟と言い出したんです。〝月9〟の主演をキャンセルするのは大変なことです。しかし、中居クンは本気でした」

と言うのはテレビ局のスタッフだ。

07年は、04年同様、コンサートツアーが行なわれなかった。だからこそユニット結成20周年を迎える08年は、万全の態勢でツアーに臨みたい——。リーダーとしてそう判断し、自身の〝月9〟主演を09年4月期へとスライドさせた、というのである。

SMAPは08年9月から3カ月にわたって全国5カ所でドームツアーをスタート。〝月9〟制覇はならなかったが、結成20周年にふさわしい活躍を見せた。

中居の〝月9〟主演が発表されたのは明けて2月のことだ。

同枠への主演は98年4月期にオンエアされた『ブラザーズ』以来11年ぶり。連ドラとしては5年ぶりとなる。

この作品で中居の役どころは、〝婚活〟や仕事に悩む等身大の現代青年だという。結婚はまだ早いと仕事に情熱を燃やすが、周りはそれを放っておかない。〝結婚〟の2文字に翻ろうされ、婚活や仕事を通した家族や同僚とのかかわりの中で、人間的に成長していく姿がコメディータッチで描かれる。

俳優としての中居は、これまでシリアス路線でバツグンの評価を得てきた。『白い影』、『砂の器』、映画『模倣犯』などで彼が演じたのは、悲しい過去をもつ男たち。対して、今作は中居本来の親しみやすいキャラクターを前面に出す内容になる。

共演陣を見てもそれは明らかで、『アテンションプリーズ』でおてんばキャビンアテンダントを好演した上戸彩に、『木更津キャッツアイ』で人気を確定的なものにした佐藤隆太など、コメディでも実績のある若手が起用されている。演出は木村拓哉にコミカルな要素を味付けして映画化した『ＨＥＲＯ』の鈴木雅之が担当。制作陣にＳＭＡＰ関連人脈が重用されているのは相変わらずだが、シリアスな役回りで注目を集めてきた中居が、この作品を通して、どんな化学変化を起こすのか非常に楽しみだ。

「全部、嘘!!」

「成功は約束されたものではないけれど、成長は必ず約束されているんじゃないか」

これは07年後半から中居が頻繁に発言してきた言葉のひとつである。

映画『私は貝になりたい』への主演が決定して以降、雑誌のインタビュー中に中居の発言としてしばしば登場する。08年11月30日に放送されたＴＢＳ系の看板番組、『情熱大陸』の中でも、同様のコメントを残している。

ちなみに『私は貝になりたい』は58年に、フランキー堺が主演して日本の芸能史に金字塔を打ち立てたドラマだ。高視聴率を受けその翌年には東宝系で映画化された。さらに、94年には所ジョージ主演で再ドラマ化されて、日本民間放送連盟賞ドラマ番組部門優秀賞、第21回放送文化基金賞ドラマ番組部門番組賞、第34回日本テレビ技術賞（照明）などを受賞した。

切れ味鋭いノンフィクション・プログラムとして人気の高い『情熱大陸』に、中居をフィーチャーしたのは、ＴＢＳの財産といっていいこの作品で主演する中居に密着し、自社映画のパブリシティにむすびつけるのが狙いであるのは間違いあるまい。

取材期間は約半年におよび、レギュラー番組の収録に向かうふだんの姿はもちろん、異例の3時間に及

2年ぶりの全国ツアーとなった『SMAP 2008 super.modern.artistic.performance tour』。東京をはじめとした5都市の会場全てがドーム! 80万人を動員するなど国民的ユニットのパワーを見せつけた。中居は6月に映画のクランクアップ、8月に北京五輪のレポーターとハードスケジュールを経ての参加。しかしソロコーナーでは華麗なダンスを披露してファンの不安を吹き飛ばした

ぶ超ロングインタビューも実現させた。

その番組の中で、中居はむずかしい役柄に挑戦する自分のスタンスとして、「……成長は約束されている」と冷静に表現した。

そのほかにも、自分自身を真摯にふり返るコメントが多かった。

「自分の言ってることは、たしかに、そのとき感じたもので、嘘では無いことを示したい」

「歌もダンスもMCも、役者もダメなんですよ……」

「やっぱり、汗かかなきゃダメなんじゃないかな。気を抜いたら、チョット怖いですね」

しかし、最後にはこう言って取材陣を煙に巻いた。

「今までシブ目に話したところ、全部、嘘ですけど、大丈夫ですか?」

と。

どこまで素の自分を出すのか、どこまで自分のキャラクターで押しとおすのか?　それを判断する基準はフレキシブルで、ケースバイケースで変わるのが中居流だ。

中居クンの真骨頂

中居は、セルフプロデューサーといわれる木村拓哉や香取慎吾とは大きく異なる手法をベースに置いて、芸能界に自分のポジションを築き上げた。

たとえば木村は、役者としてだけでなく、プロデューサー的な一面も発揮しながら作品に関わっている。

テレビ局の制作スタッフは言う。

「ドラマのリハーサルには、ドライ、カメラ、ランスルーと3回あって、最後にすべてを確認した上で本番になります。木村さんの場合、一番最初のドライで自分のアイディアを盛り込み、スタッフから意見を聞いた上で微調整を図っていくんですね。まず、最初に自分のアイディアを出し、結果を見てから軌道修正をするわけです。だから、彼の演じる役は立体的で、奥行きを感じるんですよ。

たとえば『HERO』では、久利生公平という正義感溢れる検事役に挑戦しましたよね。で、検事ながら実は通販オタクという設定。

これは木村さんのアイディアなんです。毎回、どんな通販グッズが出てくるのか。小道具にまで視聴者に興味を抱かせてしまう、じつに見事なアイディアでしたね」

このように木村は、どうしたら視聴者の興味を引くことができるか、その仕掛けを考えるプロデューサー、クリエーター的な嗅覚に優れている。

香取も同様だ。木村のように制作サイドに自分のアイディアをぶつけることはないが、情報番組では視聴者が求める「香取慎吾」を、バラエティでは天真爛漫な「慎吾ちゃん」をきっちり演じ分ける。第三者から自分がどう見えているかを、瞬時に認識してよどみなくプロデュースできる。だからこそ、SMAPのトップランナー木村をして「驚異の存在」と言わしめるのだろう。

対して中居のアプローチはディレクター的だ。

MCの世界で生き抜いていくと覚悟を決めてからというもの、中居はネタ帳を作るなど、笑いを念頭にトーク術に磨きをかけてきた。自分がどう発言し、行動すれば、もっとも場面が面白くなるか——。明石家さんまや島田紳助など、お笑い芸人でも限られたスターだけが到達した領域に、すこしでも近づこうという意欲の表れだろう。

健康には無頓着で、メタボ疑惑"が報じられたことも。しかし半年におよぶ『私は貝になりたい』の撮影で大減量を敢行。
「緊張の糸が途切れることがなかった」という。アイドルとして、役者としてひとまわり大きくなったようだ

だからこそ、自身を取り上げるために半年以上の時間を費やしたドキュメンタリー番組の取材クルーに対し、最後の最後にシラーっと、

「今までシブ目に話したところ、全部、嘘ですけど、大丈夫ですか？」

と言ってのけたのだ。

『情熱大陸』の番組中、中居は、エンターテイナー・中居正広の素顔をさらけだすような直球勝負の発言をいくつも残している。「一本の映画になってからじゃないと、何も言えない。（まだ、映画が完成していないのに、役者が作品についてどうこう語るのは）胡散臭《うさんくさ》いじゃないですか」、「いつ鍍金《メッキ》が剥げるか分からない」、「自分はハンバーガーのレタスみたいなものだ」などだ。

にもかかわらず、最後の去り際に「全部、嘘かも!?」というのは、取材クルーに対する背信行為と受け取られる可能性がある。そんなリスクを冒してまで、ケツをまくるような発言をしたのは、中居なりにその場を面白くするにはどうすべきかを瞬時に判断した結果なのであろう。

また、ディレクター中居正広としては、ドキュメンタリー番組『情熱大陸』のスタッフが描き出す〝マジな中居正広〟のまま、番組のエンドロールを回されてはたまらないという思いがあったのかもしれない。なぜならTBS系で『情熱大陸』がオンエアされる直後の日曜23時30分からは、日本テレビ系でレギュラー出演する『中井正広のブラックバラエティ』（通称〝黒バラ〟）がある。日テレ開局55年の記念番組の関係で放映時間が通常より1時間繰り下げられた結果だ。

独特の笑いを前面に打ち出す旗振り役だけに、『情熱大陸』で直球勝負したイメージを引きずったまま、黒バラのオンエアを迎えるのはできれば避けたい。

だから『情熱大陸』の最終場面で「僕、嘘つきですから」とちゃぶ台をひっくり返すような発言を残すこ

とで、半強制的に〝中居正広〟ではない〝中居クン〟を成立させておく必要があったのだろう。

つまり「嘘つき」発言は、常に空気を読み、その場にベストマッチする中居正広をディレクションしてきた男の真骨頂だったのかもしれない。

「あいつはいい」

さて、中居が08年のすべてを捧げたといってもいい、映画『私は貝になりたい』——。半世紀の時を経てこの作品がリメイクされることになったのは、SMAPのチーフマネージャーで事務所においても大きなパワーを持つ飯島女史の意向があった。テレビ局関係者は言う。

「中居くんはこれまで『白い影』や『砂の器』など、作家モノで結果を出してきました。とくに『白い影』の直江庸介は当たり役でした。シリアスなドラマにおける役柄を開拓してみせただけでなく、〝NN病患者〟と言われる熱狂的な直江・中居ファンを生みました。また松本清張の社会派推理小説『砂の器』に主演した際にも、平均視聴率19・6%、最高視聴率26・3%という高い数字を残しています。

『白い影』の成功をつかむまで中居くんは、キムタクをブレイクさせた北川悦吏子の脚本に主演したこともありましたが、平均視聴率は17%前後。そのほか等身大の若者にフォーカスした恋愛モノなどにも出演したものの、ほとんどが低調に終わっているんです。ところが土俵を文芸モノへとシフトしたところ、それまでにない大きな手応えが返ってきました。

しかし、本人はね、役者については全然乗り気じゃないようです。今回の『私は貝になりたい』も、育ての親であるチーフマネージャーの鶴の一声で決まったそうですし、彼自身、『白い影』、『砂の器』で世話になったスタッフが初めてメガフォンを執るということで、断り切れなかったと聞いています。『腹を括って参加した』と言ってるくらいですから、基本的に彼の中には役者という選択肢はないと考えた方が自然でしょう」

役者・中居正広としてのポテンシャルは、本人が考える以上に高い。

たとえば、『私は貝になりたい』の脚本を担当した橋本忍。キネマ旬報08年12月1日号の中で、90歳を迎えた御大はこのように述べている。

「中居さんは頑張ってくれて、最後のシークエンスでギアが一段入った感じですね。普通は、あそこからテンションが落ちるんですけど、彼は非常に追い込みに強い、得難い俳優さんだと思いますね」

さらに、橋本は監督の福澤克雄に向かって、

「あいつはいい。フランキー堺や昔のビートたけしに通じる、変な狂気を持っている」

と中居を評したという。

また、この映画が初監督となった福澤も、中居の可能性についてこう表現している。

「中居ありきで、この企画はスタートした」

「表向きは華やかに見えるけど、芯に寂しさを持っているというか、ゆえに悲しみを表現できる人。とくに後ろ姿なんかは、すごく絵になる」

その一方で福澤は、このようにも言っている。

「中居さんは、芝居にまったく自信がないんです」

しかしながら、片や日本を代表する黒澤明監督の出世作となる『羅生門』の脚本を担当し、以後、黒澤組のシナリオ集団の一人として活躍した橋本忍から絶賛され、片や劇場用映画初監督ながらTBSの中核

SMAPデビューイベントは1991年の『西武園ゆうえんち』だった。それから18年、メンバーの脱退や、たびたびの解散説などを乗り越え、5人の結束は一層強まった。「『SMAPの中居正広です』と言えることは、この上なく幸せです」とはリーダー・中居の言だ

を担い、これまで『3年B組金八先生』（第五～七シリーズ）を筆頭に『白い影』、『砂の器』、さらに『GOOD LUCK』や『華麗なる一族』といった高視聴率ドラマの演出を取り仕切ってきた福澤から絶大なる信頼を得たのである。

フッと追い詰められた瞬間に、何とも言えない狂気のようなものが匂い立ってくる——。その瞬発力こそが役者・中居の本分なのだ。

挑戦の軌跡◉Part 2

中居正広の“底”をのぞきたい

演技アレルギー

中居の本格的な役者デビューは89年。同年10月からオンエアされた『時間ですよ　平成元年』（ＴＢＳ系）である。

このドラマは70年のオンエアから長い歴史を持つ『時間ですよシリーズ』のひとつであり、出演者には「梅の湯」の女将役・森光子をはじめ、長男役の藤井フミヤ、長女役の篠ひろ子らがいた。

中居は梅の湯の次男・ヒロシ役で出演。梅の湯の競争相手になる銭湯のバイクを壊したり、修学旅行の積み立て金を紛失するなど、次々とトラブルを巻き起こす。

中居にとって、ＳＭＡＰから離れて臨む初のドラマ出演だった。

「自分の地でやればいい」

と周囲からアドバイスを受けたものの、いざ、カメラが回るとセリフを噛みまくった。

朝６時起きが当たり前といわれるドラマ制作のスケジュールも、彼の前に立ちはだかる大きな壁だった。

ポジティブパワーの源は「いっしょにいるだけで心安らぐ存在」という地元の友人。『私は貝になりたい』の撮影に友人のひとりがエキストラとして参加。撮影現場で顔を会わせてびっくりしたとか

なにしろ、中居の寝起きの悪さは有名である。自宅には目覚まし時計が４つあるが、それでも寝過ごすことがあるほどだ。

ドラマに臨むに当たって中居が誓ったのは、「遅刻しないことと、セリフをキチンと覚えること」だった。ＳＭＡＰは誕生したばかり。そんな駆けだしの男の子にプロ根性を求めるのは酷ということなのか。食事のシーンになれば、テーブルの上にセッティングされていたタラコを喉に詰まらせ、セリフが出てこない。ベテラン森光子が、

「かわいいわね」

とフォローするものの、中居はただひたすら謝るばかり。結果から言えば中居は多くの課題を残したまま、ドラマ初挑戦を終えている。

当時の中居のコメントには、「緊張する」という正直な発言のほか、「演技が下手なのは仕方ない」と開き直っているものすらある。

果たして、

「何十年も役者としてやっている人たちの中に入って、自分が演技しても敵うわけがないですよ。無理ですよ、無理」

と、中居は初のドラマ出演で役者アレルギーを患ってしまったのだ。

その後、彼が連続テレビドラマに出演するのは『時間ですよ　平成元年』から2年後の91年４月、学園ドラマ『学校へ行こう！』（フジテレビ系）まで待たなければならない。

次に中居が役者として仕事をするのは95年。すでに木村が『あすなろ白書』（フジテレビ系）で高視聴率を叩きだし、最年少の香取ですら『ＦＯＲ　ＹＯＵ』（フジテレビ系）で、中山美穂と共演するなど、ＳＭＡ

Pのほかのメンバーはそれぞれ役者としての評価を高めはじめていた。

その中で、中居だけが役者を敬遠していた。

4年振りの連続ドラマ出演となった『味いちもんめ』（テレビ朝日系）は、それまでのように地で演じることができる役柄ではなかった。

中居はこの作品で、気の強さと料理に対するプライドは誰にも負けない若手の板前・伊橋悟を演じる。天才特有の気むずかしさがありながら、人間味溢れるという板前を演じなければならない。むずかしい役どころだった。

結果的に、このドラマが中居の役者としての試金石となったと言われている。

余談だが、このドラマの伊橋悟役は、最初は、同じ事務所の大先輩・東山紀之が務めるはずだった。が、当時人気に火がつきはじめた中居をさらに売り出すために、ジャニーズ事務所が急遽、キャスティングの変更をテレビ局に打診。こうして中居の主役が実現したといわれている。

果たして『味いちもんめ』は高視聴率をマークした。翌年にはパート2が制作され、事務所の思惑通り、中居へのドラマ出演のオファーが急増することになる。それでも中居は、

「苦手です。恥ずかしいんですよ」

と相変わらず役者アレルギーから脱却できないでいた。

役者としての価値をどこに見出すか

それも無理からぬことだった。

MC、役者、アイドルなど様々な顔を持つ中居だが、もうひとつ忘れてはならないのが"野球狂"の面。野球のことになるといつでも「野球少年」に逆戻りする。こんな無防備なところもファンを惹きつけてやまないのだろう

共演者の中にはアイドルと同じ土俵で仕事をすることを快く思っていない人間もいた。

当時は音楽番組が激減し、その一方で多くの若手歌手・アイドルが芝居の世界に目を向けはじめた時代だ。あの福山雅治が『いつかまた逢える』で初主演を遂げたのも、『味いちもんめ』がオンエアされた95年のことだ。

『味いちもんめ』の中居は、事務所の圧倒的なパワーで主役にねじ込まれた。こうした状況下で波風が立たない方が不思議だろう。特に役者を生業とする人間にとって、受け入れられるものではない。

ドラマで料亭「登美幸」の花板を演じた今井雅之。彼は週刊文春（08年5月1・8日号）でドラマ収録期間中の中居との関係を語っている。

〈「ドラマの撮影中、僕も若かったから、中居君の前でつい肩肘張っていた。ケンカのシーンも本気になってしまい、お互い口を聞かない状態が1カ月も続いたんです」（今井）

ある日、撮影所の喫煙所で今井と中居は鉢合わせしてしまった。沈黙を破ったのは中居だった。

「今井さん、僕のこと嫌いでしょ」

中居がすぐに続けた。

「わかるんです。アイドルって嫌いでしょ」

「俺は役者だ。お前は有名なグループの歌手だろ。歌手にドラマをもっていかれるのが悔しいだけだよ」〉

アイドルとしてデビューした自分が役者をやることに、なかなか積極的になれない当時の中居の所在なさげな心もようが、今井とのやりとりを通して伝わってくる。

それでも『味いちもんめ』は、大きな反響を残した。テレビ局から中居に寄せられるオファーは一気にむずかしい役柄となっていった。

続いてオンエアされた『輝く季節の中で』(フジテレビ系)では医大生を、翌96年には『勝利の女神』(フジテレビ系)で塾の国語講師を演じ、中居は役者としての経験値を一気に上げていった。それでも、当時のコメントには煮え切らないものが目立つ。

「ベテランの役者さんの中に混じって、素人に毛の生えた程度の僕が主役をやるってのは、やっぱり『悪いなぁ』って気がするんです。でも、期待されているわけですから、全力で頑張りますよ」

「あまり芝居の勉強をしているわけじゃないんで、生意気に聞こえるかもしれませんが、基本的には自分の感性を信じて、ひらめきで演じているだけです。

僕なんかベテランの人たちの間に入って、人と同じようにやってもダメなわけですよ。経験があまりにないんですから。じゃあ、どうすればいいのか。

ちょっと浮いているくらいがいいんじゃないかなと、最近は思っています。これが、僕の演技をするにあたっての唯一のこだわりですね」

どことなく消極的な姿勢を感じさせながら、自分の演技を客観視しているのが特徴だ。

"狂気"を秘める男

中居が役者としてひと皮むけるのが97年。『最後の恋』(TBS系)である。

「僕にとっては革命的なことでした」

中居は初の恋愛ドラマに臨むにあたって、役作りのためにトレードマークの茶髪を真っ黒に染め直した。

このドラマのテーマは〝悲恋〟だ。それまでの〝クラスのやんちゃな男の子＝中居クン〟のイメージを封印しなければ演じられなかったのかもしれない。

しかしながらドラマ収録中に共演の常盤貴子をジョークで笑わせ、芝居は苦手と言いつつ本番中にアドリブを入れるなど、中居の周りはワイワイがやがや賑やかだった。

当時の中居は、演じることへのプレッシャーにどう対応するのが一番ベターなのか、手探りの状態だった。だからこそ、すべてに対してガチンコで向き合うのを避けていた感が強い。共演する女優にどう向き合うか、またシリアスなセリフを発する役者である自分とどう向き合うか。

得意のMCテクニックを用いて撮影現場を明るくすることで、アイドルが役者をやる負い目のようなものを少しでも軽減したかった――。そんなふうに考えていた気がしてならない。

『最後の恋』出演以降、中居はさまざまなバラエティをはじめ、『ナニワ金融道』（フジテレビ系）シリーズ、『ブラザーズ』（フジテレビ系）などコミカルタッチのドラマに出演し、着実にファンを増やしていく。

好調さを維持していたバラエティでの活躍もあって、〝面白いヤツ〟＝好漢という中居のイメージはより増幅され、人気を確実なものにしていった。

こうした状況下に役者としての新しい方向性を示唆してくれたのが、福澤克雄である。その後『私は貝になりたい』に中居を指名する男であり、彼が『白い影』、『砂の器』において中居に演技を付けた。

いずれも中居の役者としてのフィールドに大きな影響を与えた作品だ。

その第1弾となる『白い影』では、中居ファンだけに留まらずお茶の間の視聴者も中居の役柄にとまどった。

オンエアは01年1月14日。中居が演じたのは多発性骨髄腫に侵された外科医・直江庸介だ。

素顔の中居くん①

東京ドーム6公演が話題になった08年の全国ツアー『super.modern.artistic.performance tour』。会場は東京ドームのほかに、札幌ドーム、ナゴヤドーム、京セラドーム大阪、福岡ヤフー・ジャパンドーム。計80万人を動員して20周年にふさわしい年を締めくくった。この5つの会場は札幌ドームが竣工した01年以降、SMAPのコンサート会場として定着。5大ドームツアーは一流アーティストの証といわれるが、毎年のように開催できるアイドルユニットはSMAPをおいて他にないだろう。

ツアー中の移動風景。「ファッションセンスはまったくない」と言い続けている中居だが、アクセントのマフラーや装いに合わせたハンチングなど、コーディネイトはなかなかのもの

ふだんのバラエティでのおもしろおかしい〝中居クン〟とは180度違う、狂気に突き動かされる男。このギャップが視聴者の心をとらえて放さなかった。

医者であり自分の余命を知る直江は、共演の竹内結子演じる志村倫子にビデオで遺言を残し、同僚の医師には自分の病の詳細な記録データを、今後の研究材料のひとつにしてくれと託して、支笏湖に身を投じる。

原作は渡辺淳一の大ベストセラー『無影燈』。1970年代にニヒルな二枚目俳優で知られる田宮二郎が主演して、空前の話題作となった作品のリメイクである。

この是が非でも成功させなければならない作品の大看板に指名されたのが中居だった。

TBSの威信をかけたドラマで主演するプレッシャー。さらに、自分の死期を悟り、一人で死を迎えることを決意する主人公、直江が、愛する女性と出会ったことで苦悩を深めていく心の揺れを、当時28歳の中居がどう表現するのか――。彼に寄せられる期待とプレッシャーはかつてないものだった。

「あのぅ…、笑うシーンは…?」

中居はこう述べている。

「僕には想像もつかない男の話ですよ。笑わないとか、死を覚悟しているとか、大声を出さないとか……。直江って人は180度どころか、僕の分度器にはない角度までいっちゃってる。あまりにかけ離れすぎて、ぶっちゃけ、『どーうすんだよぉ』という感じなんですけどねぇ」

表面上はまるで他人事のような口ぶりだった。

番組の演出家のひとりはこう言っている。

「故・田宮二郎さんはすべてを自分の中にしまい込むことで、この役を演じきった。しかし、中居くんなら動揺し、苦悩する姿を見せても自然だし、逆に魅力的だろうということで、構成は練り直しました。ただ、このドラマには主旋律があります。それは主人公の直江の死生観、哲学です。これを変えることはできません。しかし、中居くんはこちらが想像する以上に、直江庸介という男に入っていってくれた。だからこそ、大きな話題を呼んだのではないでしょうか」

たとえどんなベテラン俳優であれ、歴史に残る名作のリメイクに取り組むのに緊張しないわけがない。しかし、中居はあっけらかんとした態度を貫き続けた。

「台本読みの時なんて、僕には耐えられないですね。シーンと静まり返って、『しゃべりてぇー』って思うばかりでしたよ。監督に訊きましたよ。『あの……、全10話ということですけど、直江が笑うシーンとかは?』と言うや否や、『ない!』ですからね。いつもワイワイやってないと落ち着かないだけに、これには参りました」

こうした冗談交じりのコメントが続く中で、唯一、中居が役を演じるむずかしさに言及しているのが、「直江はすでに完成された人間である」というところだ。

これまで中居が取り組んできたのは、いずれもドラマの進行とともに成長していく役柄が多かった。撮影を経ていく過程で慣れながら、役柄に近づいていくステップが用意されていたのである。しかし、『白い影』の直江役は、初回から完璧でなければならなかった。

つまり事前に演じる役を完璧にイメージし、撮影に臨む必要があった。

「まったく何もないところからはじめるという気持ちです。もちろん、すっごくやり甲斐は感じますよ。でも、うーん……、すっごく不安(笑)」

愛車は、長年にわたり日産のシーマ(FY33型)だったが、06年4月にベンツ「CLS」クラスを購入

06年5月28日、第73回東京優駿（ダービー）にJRAキャンペーンのメインキャラクターとして参加。メインキャラクターはMCの大先輩・明石屋さんまの跡を継いで、2年間にわたって務めた

結果的に、中居は役者としてのポテンシャルの高さをこの作品で示すことに成功する。

もちろん、制作サイドの類《たぐい》まれなセンスもある。

まったく手探り状態で撮影に臨んだ中居から、新しい魅力を引き出すことに成功したのは、福澤を初めとする演出陣の名采配抜きには語れまい。

福澤は言う。

「中居君がふだんバラエティなどで見せている顔とのギャップを、最初から明確にさせるために、撮影はまるでスチール写真撮りのようなところからはじめました。セリフのシーンはだいぶ後なんです。実際、中居君は戸惑っていましたね。撮影がはじまったというのに、ただ目を瞑《つむ》ってボートに乗っているシーンのような、心象風景をイメージさせるものが続きましたから。二枚目を演じるのも抵抗があったようです。彼は当初モニターでの演技チェックをしませんでした。理由は、恥ずかしくて見れないから。『監督さんがOKならそれでいいですから……』と、そそくさと控え室に戻っていました。ただ、こうした撮影スタイルを繰り返すことで、中居君は直江の声の出し方、佇まいをうまく掴んでいくんです。彼が役に入り込んだのは、2話を収録した頃で、後はスムーズにいきました」

芝居という選択肢があるかも…

この作品に参加するにあたって中居は、事前に制作サイドから「SMAPの中居正広ではない中居正広を期待している」と言われたという。

が、中居には自分の弱い部分、努力している姿などを含めた〝素〟の部分を絶対に他人には見せたくないという強い思いがある。

中居正広はいつも明るくひょうきんで、トークを武器とするスタンスを崩さない。本当は孤独な中居正広がいたとしても、けっしてそれを見せようとはしない。むろん、売りにもしない。

こうした意識下でのせめぎ合いがあったからこそ、中居はいまだに、

「あれは僕じゃないですよ。180度以上違う、まったくの別人です」

と『白い影』出演をふり返る。人間であれば誰もが持ち合わせている孤独な部分をまるっきり否定してみせるのだ。

しかしながら、04年の『砂の器』クランクイン直前には、こんな〝欲〟を語っている。

「(『白い影』から)しばらくバラエティに専念していたんですが、ここにきて、『自分には芝居もあるのかな』と思うようになってきた。いまだに演じることに自信はないけど、でも、演じてみたいという気持ちが芽生えてきたのは確かなんです。そう思うようになるまでに、この2年間が必要だったんでしょう」

中居は殺人を犯して刑事に追われる天才ピアニスト・和賀英良役に挑戦した。

将来を嘱望されながら過去の悲しい運命を背負い、ギリギリの状況に追い込まれていく和賀の鬼気迫る表情には、有無を言わせぬ迫力があった。

役者としての中居は、監督や演出家と常に「どういう表情でやればいいのか?」という会話を通して、演技を付けてもらうタイプだ。

一見役者としては、責任を放棄しているように思われるかもしれないが、役者・中居のベースには「監督の期待に応えるのが役者の仕事」というまっすぐな思いがある。

もちろんそれには絶対的な信頼を寄せるスタッフが必要である。たとえば蜜月時代の黒澤明と三船敏郎

共演した女優と"素"で話せない、努力する姿を見られたくないなど照れ屋な面も

のようなあうんの呼吸の関係。中居の場合はそれが福澤克雄なのかもしれない。

福澤は慶應大学時代に日本代表Aに選出されたことがある元ラガーマンだ。『ドラえもん』の「ジャイアン」を彷彿とさせる「ジャイ」の愛称からも想像できるとおり、巨漢の風貌をもつ。ところが豪快な見かけとは裏腹に演技指導は繊細で厳格。さらに叔父には三菱地所の会長であった福澤武、母方の曽祖父には福澤諭吉をもつという業界のサラブレッドとしても知られる。

中居は言う。

「監督は、どんな指示であっても従いたいと思えるような人だったんです」

努力している姿を見せない中居が『私は貝になりたい』のクランクインの1カ月前に監督に直訴して、直接稽古を付けてもらったという。このことからも中居の福澤に寄せる信頼が、いかに確固としたものであるか示しているだろう。

セルフ・プロデューサー的傾向が非常に強いといわれるキムタクを除き、SMAPのメンバーにはそれぞれブレーンがいるといわれる。たとえば草彅には映画『ホテルビーナス』を監督したタカハタ秀太《ひでた》、稲垣には『ソムリエ』や『金田一耕助シリーズ』で知られる共同テレビジョンの稲田秀樹、香取には『HR ホームルーム』、『新選組!』の三谷幸喜。そして、これまでの中居はフジテレビジョン編成制作局バラエティ制作センター副部長・片岡飛鳥がキーパーソンとされていた。しかし、『私は貝になりたい』の成功によって、中居の重要なブレーンの一人に福澤が加わったのは、まず間違いないだろう。

どんなリクエストにも応じて見せよう

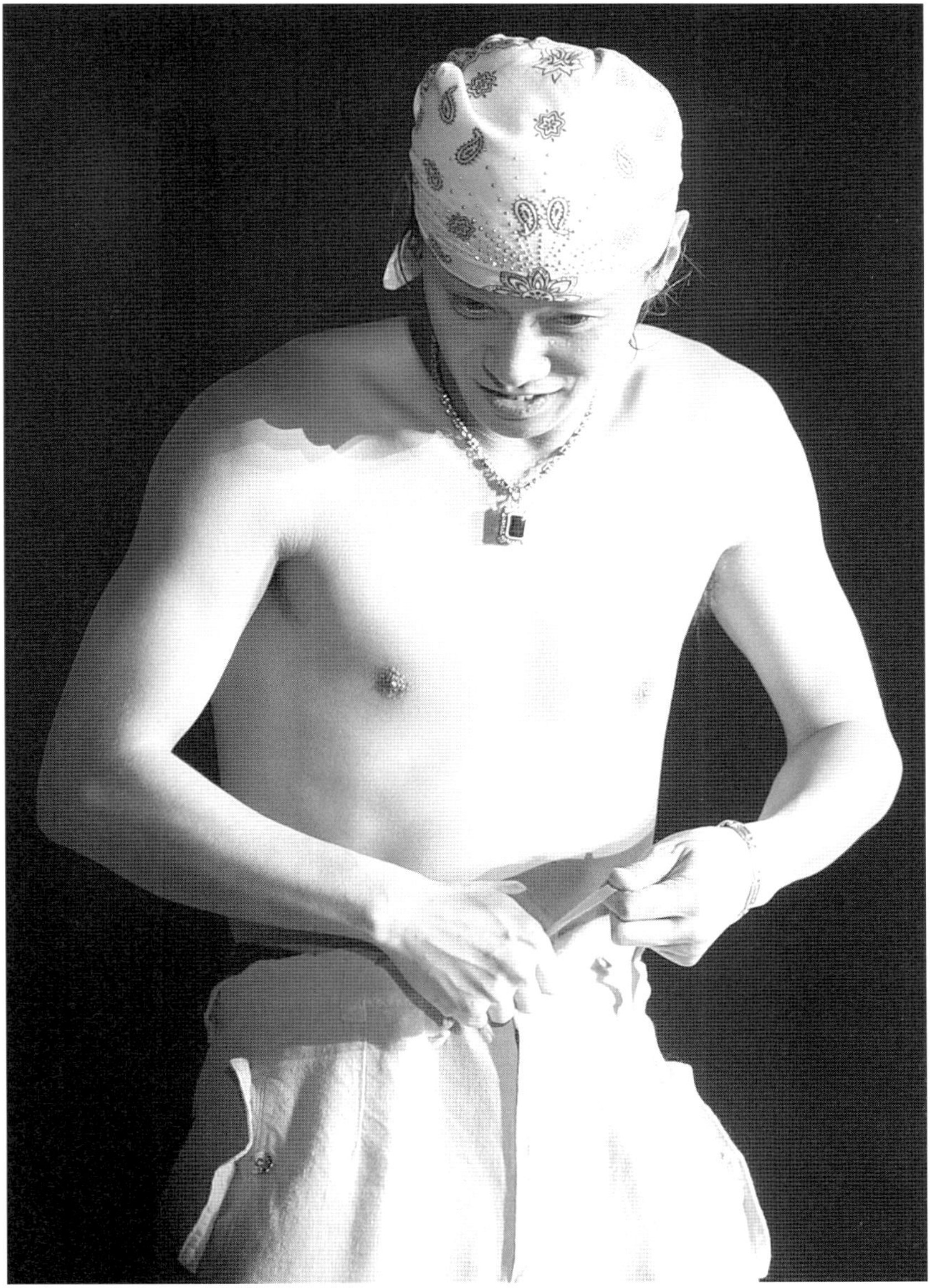

帽子は中居のマストアイテム。キャップ、ハット、ハンチング、ニット帽など所有している数は100個を超える

01年5月16日発表の国税庁による2000年度高額納税者番付俳優タレント部門に初登場10位で姿を表して以降、中居は長者番付の常連だった。個人情報保護の観点から高額納税者の発表が控えられて以降も、中居のメディア露出ぶりはほとんど変わらないから、いまだ上位陣に留まっているのは間違いあるまい。にもかかわらず、海外旅行はビジネスクラス。宿泊先は高級ホテルではなく、コンドミニアムを借り切って家族みんなで雑魚寝。そのケチケチぶりはしばしば話題になる。

その一方で歌手・倖田來未と浮き名を流すなど、派手な一面もある。人気商売の世界に身を置きながらスキャンダルにそれほど抵抗を感じないばかりか、倖田との件に関しては、何もないところに煙を立てようとするパフォーマンスにも見えた。

このように中居の場合、プライベートとオフィシャル時のたたずまいにしばしばブレが起こる。にも関わらず、最終的にパブリックイメージである〝良いヤツ〟を徹頭徹尾キープしているのは、驚愕と言わざるを得ない。

中居正広という男の底を見極めるのは非常にむずかしい作業だ。

シリアスな表情を見せながら、腹の中ではペロッと舌をだしてみせる。そんな二面性を開帳して、周囲を煙に巻くのも嫌いではない。

これは中居の役者業にも当てはまるやり方だ。

常に頭の中を真っ白なキャンパスにして撮影現場に臨み、監督の色に染まってきちんと結果を出す。どんな色でも相手のリクエストに応えてみせるが、中居正広の本当の色は決して見せない。

そんな変化自在のカメレオンが、09年4月、コメディタッチのドラマに挑む。

挑戦の軌跡◉Part 3

好きなヤツは、とことん思いやる

マイ・ファミリー

中居正広は3人兄弟の末っ子として生まれ育った。

北海道出身の父親と大阪生まれの母親はしばしばマスコミに登場し、息子の恋愛騒動、結婚問題などに関するコメントを寄せることもある。長兄、次兄に関しては中居がメディアで語る程度だ。

父親は梱包関係の会社を経営。01年のSMAPコンサートでは、中居のソロコーナーに登場するなど、ファンの間ではいわゆる顔バレ状態だ。また、08年11月、中居をとりあげたドキュメンタリー番組『情熱大陸』（TBS系）にも出演するなど、けっこう出たがりな一面もあるようだ。

母親はメディアへの露出は少ないものの、我が子を語るコメントからは謙虚で礼儀正しい人柄が忍ばれる。その一方で、ラジオなどでの中居の母親評は、大阪のオバチャンそのもの。原色やヒョウ柄が好きで、「派手なの止めてくれよと頼んだら、『ヒョウ柄は止めたよ』と言って、ヒョウそのものが描かれた服を着てた（笑）」といった具合だ。中居のお笑いに対する練度、対応力の高さは、母親の影響が大きいのかもしれない。

家族の仲の良さはＳＭＡＰの中では一番といわれる。

もともとはそれほど裕福ではなく、衣類はお下がりが多かったという中居家。

２人の兄たちとは揃ってパチンコをしたり、兄一家をＳＭＡＰのコンサートに招待したり、東京ディズニーランドへ一緒に繰り出すなど、兄弟間の交流は頻繁である。

人気アイドルが家族にいれば、周囲の目が厳しいものになるのは、想定の範囲内だ。

たとえば稲垣の姉は芸能人の弟を持っていることに疲れてアメリカに留学し、木村の弟はイジメに遭ったと言われている。アイドルの家族の気苦労は尋常ではないといわれる中、中居家が深刻な状況と無縁なのは幸運といっていいだろう。

ジャニーズJr.として本格的に活動するようになってから、中居はほとんど実家には帰らなかった。その埋め合わせだろうか。毎月１万円を貯金して、95年末に両親に現金をプレゼントした。50万円近い金額だったという。

また、中居の慎ましい生活ぶりがしばしばメディアを賑わす中、例年両親の誕生日には、高級ブランドのバッグや時計をプレゼントするなど、決めるところではビシッと決めている。

芸能記者の話だ。

「中居クンは04年頃に都心の一等地に高級マンションを購入し、そこに両親を住まわせているんです。オヤジさんはもう70代ですから、中居クンとしても楽をさせたいということなんでしょう。おかげでオヤジさん、最近はゴルフ三昧で、悠々自適な生活を送っているようです。普通、なかなかできることじゃないですよね」

2005年8月、草彅剛と香取慎吾がパーソナリティを務めた24時間テレビ『愛は地球を救う』に出演

そもそも中居のゴルフ初体験は結構古い。小2で父親に連れられ、ショートコースでプレーした。そのまま熱心に取り組んでいたら、「プロゴルファー中居正広」が誕生していたかもしれない。以降も父親とラウンドしたようだが、本格的に情熱を注ぎ込むようなことにはならなかった。あくまでゴルフをエンジョイする感じで、父親の道楽に付き合うのが目的なのだろう。とことんオヤジ孝行な息子だ。

大切な人と過ごす時間

中居がゴルフをするのは、もちろん父親思いだからだけではない。芸能界の先輩諸氏とお付き合いをする上で、欠かせないツールだと認識しているのだろう。

たとえば笑福亭鶴瓶とは、鶴瓶夫人と自分の父親を交えた4人でゴルフに興じ、親交を深めている。石橋貴明もそうした面子《めんつ》の一人であり、二人がプライベートで初めて一緒に回ったのは06年だという。

その際、中居は石橋にこんな提案をした。

「ゴルフ場まで一緒に行きましょう」

ゴルフ場に行くまでの珍道中が、中居は楽しみだったのだ。

「そんなの、うざったい……」

抵抗する石橋を説きふせ、当日、中居は石橋家の前で待った。ゴルフバッグを持って突っ立っているのはよかったが、コンビニで買ったおにぎりを仁王立ちでムシャムシャ。

石橋が待ち合わせの5分前に玄関を出ると、いきなりこの光景が目に飛びこんできた。

「あのねぇ、次からはやっぱ、一人で行って！」

早朝、静かな住宅街。ゴルフバッグを道端において、片手にはお茶のペットボトルが入ったコンビニ袋、もう片方の手でおにぎりを食べている国民的アイドルの姿は、「スゲー、怖かった」という。

また、石橋は再三、中居から父親を紹介すると打診されるが、

「お父さんに会わせようとしないで！」

とダメだししている。

「中居くんから、お父さんの家でバーベキューや麻雀をしようとか、よく誘われるんだけど、僕は、中居くんのお父さんと一緒にいても、気を遣って疲れちゃうんで……（笑）。『お父さんの家で「うたばん」のロケをやろう』とか言い出したことも……。僕をお父さんの家に呼ぼうとするのは、やめてください」

と石橋。

形だけの親しい関係ではなく、心許す相手とは徹底して付き合いたい。そんな後輩・中居の一途な思いを、石橋は彼一流の高飛車な言い回しながら、温かい目線で見守っているのが伝わってくる。

気が置けない相手と一緒に過ごす時間が、中居にとっては何ものにもかえがたいのだ。

だから、ゴルフが大切なのではない。接待ゴルフなど、仕事絡みでコースを回るのは好きではないという。

たとえばハンディがシングルのお偉いさんと一緒のラウンド。18ホールを一緒に回れば一度や二度はスイングチェックされるものだ。御多分に漏れず中居も、同伴したプレイヤーから「体がぶれるから真っ直ぐ飛ばないいんだ」とアドバイスされた。

しかし、中居は思うのだ。

M.C. on a 紅白

vol.1

中居正広がはじめて司会に抜擢されたのは第 48 回の紅白だった。白組司会者として最年少記録となる 25 歳、さらに前任は古舘伊知郎という、プレッシャーの中で、「周りの人にどう認められるかではなく、自分が『紅白』で、どうあるべきかを考えた上でやらせていただきます」と堂々のコメント。デビュー以来磨きつづけた MC に自信を覗かせた

前年に続いて2年連続で司会に。赤組は、同齢の久保純子アナだった

'07

第58回紅白に51年ぶりとなる男性・赤組司会者として起用された。白組は"親子"とも、"師匠"ともいえる存在・笑福亭鶴瓶

'06

仲間由紀恵とのコンビで8年ぶりの司会に。目標視聴率を60%以上と掲げたが、結果は39.8%。DJ OZMAのパフォーマンスが物議をかもした

いざ、打ってみて、真っ直ぐ飛ばなかったら「その人の教え方が悪い」という風になりはしないだろうか？　そんな思いが脳裏をよぎり、せっかく教えてくれたその人のプライドが傷つかないように、「距離はでなくていいから、真っ直ぐ飛ぶように」と祈るようにして打つ……。

以後、中居はゴルフを他人から教えてもらうことに抵抗を感じるようになり、アドバイスされそうになると、やんわりと断りを入れるようになった。

ふだんはやんちゃなお兄ちゃん的なイメージだが、実は人一倍ナイーブなのだ。

人生の岐路

こんなエピソードがある。

森且行がオートレーサーの2次試験にパスしたことが新聞報道された96年3月のことだ。当時、本人も事務所サイドも世間に対してはまだ沈黙を保っていた。しかし、水面下では、当事者と事務所、そしてSMAPのリーダーとして森の意向を知らされた中居の三者は大揺れに揺れていた。

事務所に内緒で森がオートレーサーに挑戦していた事実を中居が初めて知ったのは、福岡国際センターで開催された『SPRING CONCERT '96』の当日だった。連絡してきたのはマネージャーだった。

中居は最初、「一時の気の迷いだ」としてそれほど深刻には受け止めなかったという。しかし、マネージャーの「お父様も認めている」という言葉を聞き、「ちょっと、俺、森のオヤジさんと話したい」と、即、森の父親に電話を入れた。

そこで中居は森の父親から、こんな話をされたという。森が小学校3年のころからオートレーサーになるのを夢見ていたこと。SMAPの一員になってからも、その夢を捨て切れなかったこと。そして、父子家庭ということで息子に苦労をかけてきたこと。そんな我が子が決めたことだから、応援したい。最後に付け加えるようにこう語ったという。

「中居クンの気持ちも分かります。が、最後のわがままだと思って、どうか見守ってやってほしい」

実は森は芸能活動が多忙になりはじめた95年、5月ごろから密かにオートレース場に通うようになり、24倍の倍率をくぐり抜けて合格した。

中居は森の父親の言葉を聞くと、もう何も言えなくなったという。

最初は、説得するつもりだった。森は、ずっと一緒にやってきた仲間、苦節をともに乗り越えてきた、いわば戦友である。闘いの途中での戦線離脱は、受け入れがたいものがある。

しかし、本人の思いがそこまで強いのなら、ケンカ別れではなく、気持ちよく送り出してやりたい、と考えるようになる。

中居の気持ちを揺さぶったのは、何よりも、森がSMAPより大事なものを密かに抱いていたことだったのではないか。

中居は森を招いた『TK MUSIC CLAMP』（フジテレビ系）の中でこのように述べている。

「今、俺からSMAPをとったら大変だよ。だから、俺は逆に、森のことを羨ましいなぁと思った。だってSMAP以上に夢を託せるものがあるんだから。……『ああ、いいなぁ』って。それだけ強く思い入れるものがあるんだなと。やっぱり、森且行は、人間として、素晴らしいなと思ったのね」

実は森のオート挑戦を知らされた直後、中居がいの一番に悩みを打ち明けたのは長兄だった。

「俺は、どうすればいいのだろうか?」と。

2005年7月、2年ぶりとなるツアー『SMAPとイク? SMAP SAMPLE TOUR FOR 62DAYS.』を開催。7カ所21公演で行なわれた。このツアーでは単独のアーティストでは史上初となる国立霞ヶ丘競技場でのコンサートを実現。「10年前からやりたかった場所。SMAPがいかにかっこいいかを見せられる、最高の環境」と中居。気合のこもったソロコーナーでもファンを熱狂させた

森にとって人生の大きな転機、同時に、自分にとっても大きな人生の節目になるかもしれない重要な局面で、中居はおそらく人生の袋小路に迷いこんだのだろう。

森、最後のコンサートとなる4月7日の浜松アリーナ。森は中居の兄に突然声をかけられ、誰もいないところでお別れの挨拶を受けたという。

中居の兄は弟の憔悴した声を聞き、いてもたってもいられなくなり、コンサート会場に足を向けたのではないだろうか。

森の戦線離脱は、周囲に大きな波紋を投げかけた。事務所は以後、森が映るVTRやCDジャケットの使用を禁止し、まるで最初から存在しなかったかのような扱いを各メディアに強いた。

5月7日の芸能界引退会見もそうだ。当初は誰も参加させないはずだったといわれる。しかし、それを推して参加したのが中居だった。

相手をとことん思いやる気持。どんな状況下でも通すべき筋は通す。中居が森に対してとった行動は、そっくりそのまま中居兄弟のそれである。こうした兄弟関係を築かせた両親の人間的な魅力について、あえて説明するまでもないだろう。

何も考えていないふりをして…

「SMAPは、上から押し付けられると駄目なんです。反発しちゃう。ああしろ、こうしろって言われても、やらない。もちろんこの世界で生きていくためのルールがあるのはわかっています。でも、納得できないことはしたくないし、しない。また、こうしたポリシーを貫いたからこそ、今のSMAPがある、そう思っています」

と言う中居だが、社会と関わるようになってから、学校の校則くらい守れないとまずいとは思うようになった。しかし、「でもねぇ、やっぱルールってのは好きじゃないんです」というのが本音のようだ。

人に何か言われて行動を改めるタイプでもない。それはこんなことからも感じ取れる。

「バイビ〜!」「だべ、だべ」など、今どき、最先端でもない、当世の若者からすれば死語にちかい口癖。ともすれば、オヤジ丸出しといわれても仕方がないのを十分自覚しているはずだ。にもかかわらずなかなかスタイルを変えようとしない。

いまだにVHSのビデオデッキを使い、携帯電話は12年間同じ機種を使い続けた。車は96年型シャコタン仕様の日産シーマ。ベンツCLSに乗り替えるまで長年乗り続けた。ベンツ購入も父親らとゴルフをするために、収載抜群で安全快適な車が入り用になったからだ。

どうやら中居は頑固で、固執するタイプではあるが、「自分にとってこれは必要」と判断したときの行動は速い。

たとえばボイストレーニング。

かつて中居は月五万円の月謝を自腹で払い、半年間、個人トレーナーに師事したことがある。

SMAPのレコーディングでの中居の扱いときたら、これはもう、冗談に近いものがある。ミキサーは中居の声を思い切り絞り、レベル1から0をウロウロ……。「CDに僕の声が入っていないときもある」と本人が言うとおりだ。歌の下手さを笑い飛ばしてネタにしてからというもの、インターネットでは「中居クンの声が聞こえる楽曲」なんてサイトまで立ち上がる始末だ。

そこから中居は、一念発起したのだ。事務所にもメンバーにも内緒で……。

この行動力は評価されてしかるべきだ。しかし、トレーナーからは「キミは耳が悪いのかもしれない。耳鼻咽喉科に行った方がいいかも……」と言われ、本人はといえば、「手応えみたいなものは、全くなかった。面白いくらい……」というわけで、結局挫折するのであった。

努力は報われずとも、どうするのがベストか、中居はいつも考えている。それも、何も考えていないふりをして……。

息つく暇なし

中居は現・東北楽天ゴールデンイーグルス監督の野村克也の著作物を愛読書にしているという。野球好きな彼らしい選択だ。

『頭脳派・野村克也のもう一つ別の管理学　人をどう読み、どう動かすか』、『一流の条件　プロ野球　野村克也の目』、『ノムダス　勝者の資格』など監督の著作物は数多い。

内容は基本的に、ＩＤ野球（情報を重視した野球）を打ち出して、弱小チームを常勝チームへと変える野村監督の思考法を明らかにしたもの。たかが野球といわず、「なぜ」を追求する野村イズムの奥深さを学ぶことで、読者は自己成長を果たすことができる。中間管理職から経営者まで、部下を抱えるビジネスマンにとって有用な書だ。

「理由と根拠をきちんと示すことができなければ、誰ひとり説得できない」

しばしば中居は、ＳＭＡＰのリーダーとしての覚悟を感じさせるコメントを残すが、こうした啓発書に触発を受けているからかもしれない。

デビュー以来、20年間でこなしたコンサートツアーは25回。開催しなかった年は04年と、07年の2年のみ。武道館からはじまり、横浜アリーナ、東京ドーム、国立霞ヶ丘競技場と年毎にステップアップを図ってきたツアーの歴史はそのままSMAPの歴史といえるだろう

当然、プロのエンターテイナーとしての心構えにも大きく影響しているはずだ。たとえば自己管理の大切さ。スケジュールは待ったなしである。高熱を出したとしても簡単には休めない。全曜日にレギュラー番組を持つほどの売れっ子だけに、中居にとって体調維持は最低限クリアしなければならない課題だ。

これまで中居は何度か体調不良で仕事を休んだことがある。

93年、アメリカのアリゾナ州にSMAPの写真集『少年紀』のロケに赴いた際、風邪をこじらせて帰国後すぐに肺炎で入院。結局2週間ほど休養をとった。その後、『夢がMORI MORI』のライヴ出演のために一度は退院するものの、またこじらせて再度要安静。春のコンサートにギリギリで復帰した。

そのほか、94年には大腿部にできた出来物の切除手術、96年5月には風邪をこじらせて病院で点滴を打ったこともある。最近では07年9月に虫垂炎で5日間入院。『笑っていいとも!』やほかの番組収録は病院の許可をもらって外出した。

病気によるトラブルが多いのは、ひとえに忙しさのせいだろう。ほかのメンバーのように役者中心の活動であれば、ある程度スケジュールはやりくりできる。主役が不在なら現場は動かせないからだ。しかしバラエティの場合はそうもいかない。脇を固めるのは、売れっ子芸人である。分刻みのスケジュールを中居待ちで崩すのは、ひんしゅくものだ。もちろん大御所も多いから、遅刻など絶対にできない。終始、息つく暇はない。

当然、ジム通いなどは夢のまた夢だ。コンサートで誰よりも早くバテるのも致し方あるまい。

「打ち上げに参加するくらいなら、一刻も早くベッドに入って体力回復に努めたい」

中居のこのエクスキューズは、一見もっともらしく聞こえるが、額面通りには受け取れまい。なぜなら、

「準備が大切で、それが自分の武器」

と言ってはばからないのが中居だからである。

翌日の収録、本番に備えて準備すべきことは沢山あるだろう。だから打ち上げへの参加は極力回避し、できるだけ自分の自由な時間を確保したい。鉄のような強い意志を持たなければ、できないことだ。

「高熱を出したときは、自覚していないフリをして、やり過ごす」

これも、あながち冗談ではないのだろう。

とにかく今の中居、精一杯、自分の能力と体力を信じて、ただただ突っ走っているように見える。

加えて素の中居に近づこうとしても、気の利いたコメントの背後に本当の中居を感じられないというか、これらと中居が作り上げてきた「中居正広」というパブリックイメージとの間で微妙な温度差が生じてしまう。たとえば、

「汗をかくことは大事。年をとったら汗をかかなくなるポジションにつくことになるのだから」

といった中居のコメント。これなどは中居の経験に即したコメントには思えないし、ベテランの金言を受け売りで使っているようにみえてしまう。

だが、大事なのは経験に即した言葉を吐ける云々ではない。先達たちの名言至言を素直に受け止めて実行するかどうかである。

ここに中居が飛躍的な成長を遂げた秘密があるのではないだろうか。

中居37歳、要注目！

2004年、3年ぶりに連続テレビドラマ『砂の器』（TBS系）に出演。クランクイン直前に右手中指を骨折するアクシデントに見舞われるも、プロ根性で天才ピアニスト和賀英良を演じきった。最高視聴率は26.3%をマーク。役者としてあらためて高いポテンシャルを示した

2003年、100万人を突破した記念碑的ツアー「MIJ」ツアーが開催。中居が身につけたリスト&フィンガーバンド、サンバイザー、Tシャツのほかにも、スポーツボトル、ストラップ、バッグなどグッズが豊富なツアーだった

恋愛に関する話題で、中居はしばしばマスコミの恰好の餌食になっている。これまで噂に上った女性を指折り数えると、片手ではすまない。

さまざまな恋の噂の中でも、大炎上したのは、07年1月中旬にインターネット上を駆けめぐったこんな記事だ。

「中居正広が中野美奈子の地元・丸亀で結納した⁉」

ホテルに勤務するエステティシャンの証言、中野の実家の病院に勤める看護師のコメントなど、関係者のコメントが記事に添付され、真実味に溢れていた。これを受け、在阪の女性誌ライターのほとんどが言質《ゲンチ》を取るために香川入りするなど、大騒動に発展した。

あまりの反響の大きさに困惑したジャニーズ事務所は、「事実無根である」と自社のＨＰに掲載し、火消しに務めたほど。事務所主導で対応したのは、前代未聞のことである。

最近では、エイベックスの稼ぎ頭である倖田來未との関係だろう。

本当に2人が恋仲だったのかどうか、真偽は不明だが、女性週刊誌の編集者によると、

「あれは結局、話題作り。中居クンのオヤジさんも『せがれにも、いろいろあるから』といってますしね。加えて、羊水が腐る発言で彼女が謹慎生活に入り、それが解けた途端、フライデーが〝決定的熱愛スクープ〟と銘打った2人の湯河原温泉旅行でのショットを掲載しました。

デジカメとムービーカメラで、お互いを撮りあったり、道路にふざけて寝ころんだりと、見ているこっちも幸せな気持ちにしてくれるあの写真。

どうやって撮影したのかはわかりませんが、あの構図、ピントともに隠し撮りの世界では歴史に残る名作のひとつといっていいんじゃないでしょうか」

二人の交際には、たぶんに〝営業〟があるという。

最近は「交際宣言」などタレントや女優、モデルたちの潔い行為が好感を呼んでいる。たとえば、今や旬の代表格といわれる若手俳優・小栗旬とトップモデルで女優の山田優は、堂々と交際宣言をし、そのすがすがしさが多くの若者たちから支持を得ている。

中居には、6年越しとなるステディがいる。倖田との恋愛騒動が世間を賑わせる中、彼女は中居の父親の自宅に出入りするなど、ゴールイン直前の状態にある。

それでもジャニーズ事務所は、いまだに情報統制を貫き、ときには操作もしようとする。こうした管理体制が今の時代に逆行しているのは事務所サイドも十分承知しているだろう。

周囲の状況をきちんと見極める性分だけに、中居は〝できちゃった婚〟などの強硬手段はとるまい。事務所サイドに了承をとりつけた上で、責任を果たすだろう。09年、中居は37歳になる。注目だ。

コスプレ Shots!

きわどい女装、ドリフ顔負けのコントなど、中居のソロ・パフォーマンスはSMAPコンでは定番だ。姿を現すたびに会場には悲鳴(?)がこだまする。とくに05年の『SMAPとイク? SMAP SAMPLE TOUR FOR 62DAYS.』の最終日では、レイザーラモンの姿で『ブリブリマン』を熱唱。そのハジけっぷりを写真週刊誌に激写され語り草となった

Fooooo!

挑戦の軌跡◉Part 4

いつかタモリさん、さんまさんと……

不運にも祟《たた》られて

SMAPはデビューから12thシングル『Hey Hey おおきに毎度あり』リリースまでの3年間、パッとしなかった。

91年9月9日、『Can't Stop!! -Loving-』でメジャーデビューしたものの、累計売上げはわずか15万枚。デビューと同時にヒットチャート爆走を常に実現してきたジャニーズ事務所としては、思わず天を仰ぐような数字であったろう。

田原俊彦から光GENJIまで、デビュー即ブレイクの歴史は脈々と受け継がれ、近年でもNEWS、KAT-TUN、Hey!Say!JUMPらがあたりまえのようにデビュー曲=オリコンチャート1位の記録を達成している。ジャニーズファンは言う。

「ジャニーズの場合、デビュー時はファンクラブの子を動員して全面的にバックアップするものです。たとえばタッキー&翼のときも、横アリに行くようファミクラの人から連絡があって、オリキと連絡を取り合って人文字を作った。本当は5000人程度のファンしか来ていなくても、翌日の新聞には『2万人のファン集結』といった具合に、マスコミの人も好意的に扱ってくれる。でもSMAPは1位を獲れなかった。これはありえないというか、よっぽどのことですよ」

この結果を冷静に受け止められなかったのだろう。

「ウチの事務所始まって以来の汚点。なんで、あんたら1位じゃないの」

と、思わず暴言を吐いた事務所首脳もいたという。

当時、芸能の世界は音楽番組がめっきり減り、アイドルが歌う場所がなかった。とはいえ、音楽業界全体が地盤沈下に喘いでいたわけではない。

小田和正の『Oh!Yeah!/ラブ・ストーリーは突然に』は254・2万枚とCHAGE & ASKAの『SAY YES』250・4万枚を筆頭に、91年のベストシングルトップ10中7曲がミリオンをマークしている。具体的に挙げてみよう。KANの『愛は勝つ』（186・3万枚）、槇原敬之の『どんなときも。』（116・4万枚）、ASKAの『はじまりはいつも雨』107・1万枚、小泉今日子の『あなたに会えてよかった』（100・7万枚）、B'zの『LADY NAVIGATION』（100・5万枚）と業界全体は戦後最高ともいえる活況にあった。

とはいえ、当時をひと言で表せば、アーティスト系ミュージシャン一人勝ちの時代である。アイドルグループが苦戦を強いられたのも無理からぬところがあったといっていいだろう。

それにもかかわらず、「汚点」という非情な言葉を投げつけられた。当時10代のリーダーだった中居にも思うところがあっただろう。

そもそも、SMAPのスタートは、CD発売前日に行なわれたデビュー記念イベントからして散々だった。

好きなアーティストはブルーハーツ。中学生時代から聞いていた

西武園ゆうえんちのプールにファンを招き、ライブ終了後に握手会を行なう計画だったが、その日に台風が直撃したのだ。挙げ句のはてにバックバンドとして帯同したＴＯＫＩＯの機材が雨に濡れて故障、肝心の音が出ないなど、デビュー記念イベントは祟られっぱなしだった。

自社のタレントをデビューさせるとなれば、細心の注意を払ってしかるべきだろう。

たとえばイベントの開催時期だ。夏期の野外イベントには台風のリスクがともなう。近年、花盛りの海外アーティストを一堂に集めたサマーフェスが、再三、悪天候にさらされながらも合格点を与えられているのは、雨が降ったとしても観客がそれなりに悪天候を楽しんでしまうロックファンだからだ。タレントの一挙手一投足を見つめるアイドルファンとは資質が違うのである。

ＳＭＡＰの場合、事前に配布された販促資料も、かつてないほど地味だった。

女性誌の記者は言う。

「ジャニーズさんのところは、通例デビューとなると豪華な販促資料が送られてくるんですよ。最近であればＨｅｙ！Ｓａｙ！ＪＵＭＰなんかも、ピカピカのケースに入ったＣＤだったし、とにかく他社と違ってお金をかけている。事務所の気合いがビンビン伝わってくるんです。でも、ＳＭＡＰのときはゴールドのシールが貼られたカセットテープで、『あれ？　力入ってないなぁ……』というのが正直な感想。ほかの媒体もそう感じたんじゃないかな」

ＳＭＡＰのデビューに関しては、サポート態勢にも、最初から首をかしげる部分があったというのだ。

そう考えると、オリコンチャート最高位2位という結果は上出来だったのかもしれない。

『サタ☆スマ』の後続番組として02年4月からはじまった『デリバリー・スマップ デリ!スマ』の制作発表会見。SMAPバラエティ班の香取と出演。しかし、裏番組に人気番組が組まれたためわずか9ヶ月で終了に

「トークでいこう！」

中居は今でこそ成功を手中に収めたが、デビュー以降しばらくは不遇の時代だった。将来のことを心配して、眠れない夜もあっただろう。

そうした過程で彼が行なったのは、新たな自分を構築するため、何をすべきか、自分はどうあるべきかを考え、実行することだった。

中居は18歳当時の心境をこのように語っている。

「ドラマとか歌とかっていうのは、それなりに才能があって、それなりに華を持っていれば、たとえば、昨日出てきたタレントでも、一躍注目を浴びることができるじゃないですか。でも司会は、昨日、今日出てきた人じゃ絶対にできるものじゃない。それで僕は、じゃあ、司会をやってみようと、漠然と思ったんですよ。最初はSMAPのメンバーの中で、『ほかのメンバーにないものは何か』って考えました。で、次にジャニーズという枠に当てはめてみた。そして最後に『じゃあ、芸能界ではどうだろう』と考え、で導き出した答えは〝歌はまあ、無理だろう〟と(笑)。

ドラマはみんながやりはじめてるし、僕には演じることの恥ずかしさがあって、どうしても抵抗感があった。じゃ、自分はトークでいこう、そう考えたんです。でも、その2、3年後ですか、みんながどんどんドラマで注目されるようになると、さすがに、『いいなぁ。おれ、間違えちゃったかなぁ』と思いましたね。

ようやく、BSのアイドル番組やラジオの司会とかをやらせてもらえるようになるのは、20歳のころでしたし……」

さらに中居は続ける。

「結果的にですが、僕と同じ世代の人間で、司会に目を向けたのがいなかったのが、大きいんじゃないでしょうかね。今、こうしていろいろな仕事をさせてもらっているのは、同世代で僕しか地道にトークをやってきた人間がいないから。単純にいえば、そのひと言に尽きますよ。まあ、今でも司会をやって注目を浴びようと考える人は、そうはいないと思いますけどね。だから、もし今、15、16歳の子で、『俺は司会を極めたい！』なんていう子が出てきたら、それは非常に怖い存在ですね。若いっていうのはそれだけで才能だし、僕より注目を集める可能性だって十分ありますから」

と、司会業に注目したポイントを述べている。

それにしてもである。10代にして冷静に自分が置かれた状況を分析し、生き残るための方向性を自分なりに見い出したとすれば、驚異と言わざるをえない。

さらにいえば、司会業はすぐに結果が出る部類の仕事ではない。何年も時間をかけながらコツコツと地道に取り組んで、ようやく何かをつかむことができる。一瞬のひらめき、間、空気を読む能力が求められる職人芸といってもいいだろう。

決して低いハードルではないが、中居は戸惑うことなく司会で行こうと考えた。まるでタイムマシンに乗って10年、20年後、バラエティ番組を席捲している将来の自分の姿を見てきたかのように……。

「MIJ」ツアーで中居が熱唱した曲『トイレットペッパーマン』。作詞・作曲もN.マッピー名義で担当。放送コードギリギリの歌詞にファンの評判は上々(?)

MCの武器

コンサートからバラエティ番組にいたるまで、人を楽しませる天才的エンターテイナー。中居が心がけているのは、〝進化とマンネリ〟だという。

「観ている人を楽しませるために、もっとも重要なのは〝進化とマンネリ〟だと思っている。その2つの要素が両方あると、みんなが楽しめるし、エンターテインメントとして成功するんじゃないかな」

咀嚼《そしゃく》すれば、安心して観ていられるお馴染みなところに、アッと驚く新しい要素を組み合わせるのが、エンターテインメント界において生き残るカギだということだろうか。フレッシュさがあるから目が離せないし、定番を残すことで長く愛される。

これは、SMAPの成功に相通じるものがあるだろう。

「コンサートの前などは、今度はどんな演出でみんなを驚かせようかって、すっごく考えます。僕は直感を信じていないので、何事にも理由とか根拠をきちんと考えてからじゃないと決断できないし、動けない。根拠がアバウトだと、SMAPのメンバーを説得できませんしね」

と中居は言う。

司会者は台本を捨てることがとても大事だといわれる。

台本通り＝意外性なしでは、脚本家の頭の中でイメージする以上のおもしろさは望めない。話題を広げることができないMCはMCとして失格なのだ。

だとすれば司会者に求められる資質は瞬時の判断、直感である。しかしながら中居は「直感を信じてい

家族を大切にすることで有名。とくに父親は「どんなときも味方してくれる」存在。
野球やマージャンなど、プライベートで一緒に遊ぶことも多いとか

ない」という。

では、中居がMCに携わる際に大切にしているものは何なのだろう。

「頭の中で次の会話ができあがってる、なんてことはないです。ただ、準備だけはきっちりしますよ。ステージで戦う自信がないと、行きたくなくなっちゃうんで、武器を持っていたいんです。しゃべりも芝居も歌も踊りも、僕はテクニックが本当にないんで、ちゃんと準備だけすればなんとかなるという気持ちで臨んでます」

08年、中居はTBSの北京五輪報道のメインキャスターとして現地に入り、番組の司会を担当した。イベントに先立ち、中居はテレビクルーと一緒に勉強会を行ない、外国人選手を含めた選手の特徴などを頭にインプットしていたのはあまり知られていないだろう。

この男は努力する姿を見られるのがイヤなのだ。だから彼は自分のイノセンスな部分に話が及ぶ匂いをかぎ取ると、間髪入れずピシッとシャッターを降ろす。煙に巻く。

『中居正広のSome Girl' SMAP』などのレギュラーラジオ番組の中で、中居はしばしば、自宅では焼酎をちびちびやりながらプロ野球を観て過ごすといった庶民派エピソードをオープンにしている。

しかし、ここは中居の言葉を冷静に吟味しなければならない。中居は、デビュー2年後の時点で、自分が出演したトーク、バラエティ番組を朝方までかけてチェックし、だめ出しをしていた男である。さらにいえばネタ帳を作ってトークに生かすなど、芸人顔負けの凄まじい努力を繰り返してきた。

中居にとって、徹底して事前にシミュレーションを行なうのは当然の作業。であれば中居の言う現場に入るに当っての〝準備〟〝武器〟とは、その場その場でどう反応すれば一番面白いかを、前もってシミュレーションし、万全の態勢をとっておくことをいっているのだろう。

この安売りセールみたいな歌は、なんや⁉

中居が単独で大きな仕事に恵まれるようになるのは、デビュー4、5年後のことだ。93年10月にNHK BS2『アイドルオンステージ』のMCに抜擢を受け、11月からは深夜放送の雄『オールナイトニッポン』のパーソナリティに就任した。

前々から中居は事務所のスタッフに、「とにかくバラエティで、何番手でもいいからやりたい」と意向を伝え、関西の番組やBS、朝の情報番組のアシスタントなど2番手、3番手のコーナーを担当していた。こうした地道な努力がようやく実り、大きな仕事に恵まれるようになったのが93年ごろなのである。

とはいえ、SMAPとしての活動は相変わらず低空飛行がつづいていた。肝心のCDの売れ行きは、ほぼ3カ月間隔で新譜をリリースしながらヒット作には恵まれず、唯一、レギュラーバラエティ番組『夢がMORI-MORI』(フジテレビ系)が若い世代に受けた程度で、とても人気者といえる状況ではなかった。

『夢がMORI-MORI』でSMAPとともに仕事をした人物に森脇健児がいる。

彼の自宅にはSMAPのほかに、吉田栄作、島崎和歌子、LUNASEAの河村隆一など、当時の芸能界の売れっ子がよく来て、鍋をやったり焼き肉をしながら将来を語ることがあったという。中居が「森脇さん、いけると思いますか?」といってリリース前のSMAPの新曲をおさめたカセットテープを聴かせてくれたこともあったが、森脇は、〝なんや、この安売りセールみたいな歌は〟と目が点になった。しかし落ち込ませたまま放っておくわけにはいかないので、「そんなにふてくされた顔したらあかんで! ジャニーさんを信用しいや。頑張りや」と励ましたというエピソードが残っている。

気さくな笑顔は中居のトレードマーク

とはいえ『Hey Hey おおきに毎度あり』はデビューから12作目にしてオリコンチャート1位を獲得。SMAPはビッグネーム入りを果たし、ユニット単位の仕事に加え個別のオファーも舞い込むようになる。

腕一本で食っていく

バラエティでの司会に人生の方向性を絞っていた中居が、大きな転機を迎えるのもこのころである。『サンデージャングル』。95年10月8日から約5年間、テレビ朝日系列で放送された人気情報番組だ。メインキャスターはタレントの麻木久仁子。中居はサブ司会とスポーツキャスターとして抜擢をうけた。

中居正広、23歳である。

アイドルの突然のキャスター挑戦に多くのマスコミから、

「万年視聴率4位のテレ朝だけに、最後はアイドル頼みか」

「若い中居には荷が重すぎる」

という批判的な声があがった。さらには、

「漢字が読めないやつに、キャスターなんか務まるわけがない」

と内輪からも批判的な声があがり、ふだんなら原稿の漢字に付くはずの読み仮名（ルビ）をつけない嫌がらせもあったという。

中居がこの番組で「鮑（あわび）の刺身（さしみ）」という原稿を「鞄（かばん）の中身（なかみ）」と読み違えたのは有名な話である。

内部スタッフの反乱を招いたのは中居の軽率な発言だった。

「なんか僕、言っていることがよくわからないっていうイメージがあるようなので、この話をいただいたときは飛びつきました。キャスターって、明確に事実を伝えるのが仕事じゃないですか、このチャンスを生かして、もっと喋りについて勉強させてもらうつもりなんです」

公共の電波を使って〝勉強する〟かのような中居の発言が、スタッフの感情を逆撫でしたのである。

その一方で、彼の貪欲な姿勢を感じとれる発言もある。

「情報番組は、バラエティと違って笑ってごまかせないし、緊張感も全然違う」

と自分をより厳しい次元に置くことで、さらに高いレベルにたどり着けるというハングリーな精神を表している。もっと言えば、問題の〝勉強〟発言も中居の前向きさの発露だったと受け取れよう。

『サンデージャングル』初仕事となった巨人・原辰徳の引退試合の取材前には、キャスターとしてどう報じるべきかに思いを馳せ、

「キャスターは中立の立場で個人的な意見を言えないところがあるけど、僕は視聴者の代表として感情的な発言もしていきたい。専門家じゃない僕だから言えること、できることはたくさんあるんじゃないかと思うんです」

とコメント。

ド素人丸出しながら、辰徳ファンの気持ちを代弁した語り口は、視聴者の心を打ち、中居の自滅を期待したスタッフの鼻を明かして、周囲の雑音を完全にシャットアウトした。

中居をはじめて見た人間は、鳥越俊太郎、黒鉄ヒロシといったジャーナリストや文化人を相手に、若いながら堂々と渡り合う存在感から、彼がＳＭＡＰというアイドルグループの一員であるとは思いもよらなかったであろう。

中居は、キャスター就任直後、こう発言している。

「これまでは運動神経さえあれば何とかなると思っていましたが、今は知力がないことを、すごく後悔しています」

繰り返しになるが、中居は『サンデージャングル』へ参加するにあたって、ひとつの目標を掲げていた。それは、「もっと喋りについて勉強させてもらう」であり、具体的には、「台本のないフリートークをマスターしたい」だった。

情報番組に携わりながら、最初から彼の目指すところはお笑い芸人と対等、あるいは彼らを掌の上で転がしていけるMCのポジションだったのだ。

〈「彼は自分の左腕をポンと右手で叩いた。腕＝技術で、いつかタモリさんやさんまさん、たけしさんと堂々と肩を並べて仕事ができるようになりたいと言う。彼の司会のセンスは確かに抜群で、その後、言ったことを実現しましたね」〉

『味いちもんめ』で共演した今井雅之は週刊文春（08年5月1・8日号）のなかでこう語った。

『サンデージャングル』に参加する直前の95年初頭には、すでに中居の脳裏には将来のビジョンがハッキリと描かれていたのである。

素顔の中居くん②

中居のファッションはカジュアルが基本。とくに裏原系のアイテムが多い。06年6月にマイケル・ジャクソンと共演した『SMAP × SMAP』内では、愛用のブランド『RUMNBLES』のTシャツを着用して話題を呼んだ。また08年6月に倖田來未との2ショット場面で着ていたパーカーは、オーストラリアの人気カジュアルブランド「P.A.M（PERKS AND MINI）」だった

挑戦の軌跡◉Part 5

フルスロットルで駆け抜けろ！

「あいつに任せておけば、大丈夫」

中居は、94年4月から『笑っていいとも！』に水曜日のレギュラーとして参加。09年で16年目を迎えるベテランとなった。

初出演当時の水曜日メンバーは、久本雅美を筆頭にヒロミ、中居、香取慎吾、藤本相元。ちなみに当時は月曜のメインが関根勤、火曜日が片岡鶴太郎、木曜日が笑福亭鶴瓶、金曜日が明石家さんまという豪華ラインナップだ。

中居がメインとなったのは98年の上半期からだ。以降、『笑っていいとも！』に欠かせないメンバーとなった。85年4月から参加した関根勤、87年4月からの鶴瓶、さらに93年4月の久本に次ぐ古株となっている。中居は言う。

「『笑っていいとも！』にはほかのバラエティにはない独特のムードがあるんです。それは公開生放送っていうことも関係していると思う……。それだけにやっててむずかしいんですが、あれはタモさんの番組なんで、僕は自分がやれることを肩肘張らずにやってる感じです。とはいうものの、最初は何もできなかった。ただ行って舞台に立っているだけって感じで、ほんと参ったというのが実際のところだったんです」

中居にとって『いいとも』は、ＳＭＡＰの番組以外ではじめてのレギュラーバラエティだ。当初は、しゃべらないうちに放送が終了することがあったし、空回りも多かった。自分の立ち位置を見い出すまで、かなりの時間を要したという。

しかしながらタモリをはじめ、多くの共演者の技を直接盗み、学ぶ機会に恵まれた。中居は「『いいとも』は自分の原点だ」と語っている。

今では逆に先輩に対して、アドバイスをすることもあるという。『ぴあ』（08年11月20日号）のインタビューで鶴瓶はこのように述べている。

「僕は別にカメラ写りとか気にしないいんだけど、中居はもう少しカメラ目線を残しておいたほうがいいとかアドバイスをくれる。でも実際、やってみるとあいつの言う通りにするのが一番ベスト。どう見せれば、視聴者を惹きつけられるかわかってる」

今では2人揃うと夫婦漫才のように息のあった掛け合いを見せる中居と笑福亭鶴瓶の間柄は、『笑っていいとも！』参加以来のものだ。香取、草彅とともに大阪の鶴瓶の自宅に招かれるなど、中居は鶴瓶を師匠として尊敬し、歳の離れた兄弟のような関係にある。

しばしば露出騒動を起して、テレビ局を出入り禁止になるなど、鶴瓶にはお騒がせな一面もあるが、一時は「東の萩本欽一、西の笑福亭鶴瓶」と言われるほどの男である。昨今は中居の指名で第58回紅白の白組司会者に就任するなど、立場が逆転してしまった感もないわけではなく、先の鶴瓶の発言からは「あいつに任せておけば、大丈夫」といった絶対的信任を読み取ることができる。

8日(土)全国東宝系公開
The
COPY
CAT

中居の本格的銀幕デビューとなった『模倣犯』は、100万人を動員するスマッシュヒットとなった。森田芳光監督から指名で主役のピース（網川浩一）を演じた

トークは台本のないドラマ

中居はオールマイティな人気MCという見方は衆目の一致するところだろう。その中でもテレビ関係者の間で高く評価されているのが、『うたばん』での仕事ぶりだ。

音楽番組でありながら、トークを中心にしてゲストに呼んだアーティストの本音や素顔をかいま見るという斬新な発想に基づいて作られたのが『うたばん』だ。08年8月に放送500回を迎えた、TBSの看板番組のひとつであり、多くのテレビ関係者が「『うたばん』というまったく新しいジャンル」と賞賛するなど、これ以上ない評価を得ている。

当初はとんねるずの石橋貴明がツッコミ、中居がそれを受け、いなして進行していくのがパターンだった。今では両者ともに変幻自在の立ち位置となり、イジリ甲斐のあるタレントに対しては中居も強烈なSっぷりを発揮している。

とくにオンエア400回前後からはお笑い芸人をはじめ、大泉洋、綾小路きみまろなど、最初から「いじってください」状態のタレントに加え、亀田三兄弟など旬の人物も出演するようになった。この何でも屋状態を音楽番組とは相容れないと異端視する者も増えたが、仰天ハプニングがてんこ盛りの2人のトーク術は磨きがかかる一方だ。『うたばん』は、2人のあうんの呼吸のすばらしさを堪能できる、エンターテイナーショーとなっている。

『うたばん』に先駆けて、中居が音楽番組に初挑戦したのは『TK MUSIC CLAMP』(フジテレビ系)だ。

この番組は95年のオンエア開始時から小室哲哉が司会を担当していたが、1年後には中居がホスト役を、さらにその1年後には華原朋美へとMCが引き継がれた。音楽番組への出演経験の少ない旬のアーティストが紹介されるので、深夜枠ながら人気があった。

歌が下手と公言して憚らず、ミュージックシーンへの造詣が深いわけでもない中居に、MCとして白羽の矢が立ったのは、事務所の強力なプッシュがあったからだろう。

しかしながら、これがハマった。

「笑い話よりも、どれだけその人の内に秘めているものに迫れるか。日ごろなかなか出せない部分っていうか、日ごろ言いたいけどずっと内に秘めていたものを、この番組では結構話せたんじゃないかと思います。ゲストの方々も一対一で、かなり緊迫した雰囲気の中で収録させてもらいましたから、ふだん聞くことのできないものが聞けたんじゃないかと思います」

この中居の言葉にあるように、緊張感漂う中でトークが始まり、終始ハーモニーを奏でることなく終わってしまう場合もあれば、旧知の友人相手に話しているように、最初から話が弾むケースもあった。相手しだいで、番組の雰囲気がまったく変わってしまうなかなかハードな現場だったといえる。

なんといってもポイントは当時24歳の中居正広が、自分なりの経験やボキャブラリーをフル稼働して、ゲストの魅力を引き出そうとするところだ。おぼつかない言葉で、気の利いたコメント一つ吐くこともない。ほぼ初対面のアーティストたちの素顔を引き出そうと試み、いつのまにか自分の悩み相談をしていたりする。そんな隣のおにいちゃん的なたたずまいが、孤高のアーティストの気持ちを解きほぐし、本音を漏すといったケースもあった。

こうした音楽の枠にはとどまらないトークに重心を置いた中居の手法は、ほぼ同時期にスタートした『H

ドラマ「白い影」（TBS系）では、不治の病に侵された外科医・直江を好演。熱狂的なファンから「直江・中居」のイニシャルを取った「NN病」という言葉まで生まれた

仕事では「生きがい」、「やりがい」、「手応え」を感じられることが目標という

ey!Hey!Hey!』や『うたばん』にも大きな影響を与え、音楽番組低迷に歯止めをかけるのに大きく貢献した。

SMAPデビュー当初、中居はコンサートのたった5分程度のMCですら、スタッフに台本を書いてもらわなければできなかった。そんな男の子が自分の言葉で話を展開させ、番組として成立させる。ここまでたどり着くのに8年の歳月が必要だった。

「トークは経験に経験を重ねるほどに上手くなります。ただ、一気に上手くなるというのは絶対に無理。ぼくだってトークを長々とやってますが、いまだに家でビデオを見ながら、『あー、何やってんだよ、俺。マズイよ』と思うことがしばしばあります。トークってキャリアだけでなく、日ごろの勉強がすごく重要なんです」

という彼のコメントは伊達ではない。

中居はトークをスポーツに例える。

「スポーツは台本のないドラマと言いますが、僕はトークもスポーツと同じ台本のないドラマだと思っているんです。見た目は普通ですが、頭の中はフル回転。どんな言葉を投げかけて次につなげるか。瞬間、瞬間の反応で面白くも、つまらなくもなる。そこにスリルがあるし、刺激的なんですよ」

これは実体験に基づいたナマの言葉であり、彼がトークを極めたいと考えた大きな理由のひとつでもある。

〝最高の2番手〟がどう変わる?

中居はトークとバラエティの違いをこう語っている。

「トークはむずかしいけど、バラエティと比べると、どちらがシビアかといえばバラエティかもしれませんね。バラエティにはいろいろなタレントさんがヨーイ、ドン！　でカラムわけですから、当然、初対面では〝こいつはどのくらいできるのか？〟って試される。気は抜けません。同時に前に出ていくことも必要ですしね」

たとえば、『笑っていいとも！』には、タモリのほか、錚々《そうそう》たるタレントが勢ぞろいする。そうした現場においては極端な話、中居がひと言も発しなくても番組が成立してしまう。しかし、それでは中居の存在意義がない。

ときには周囲を押さえ込んででも、自分が前に出ていかなくてはいけないのだ。

バラエティとはタレントが同じ土俵で勝負するある種の戦争だ。さまざまな才能がぶつかりあい、スパークすることで生じる意外さ、面白さが視聴者のハートを掴む。

しかし、中居は、前に出ることに戸惑いを見せた。

「最高の2番手を目指します」

と公言し、「どんな個性的な人と絡んでもやっていける」人間であることを目指した。

「もちろん、いつかは一番にという思いはありますよ。でも、それはまだまだ先でいいんです」

と。しかし、そのエクスキューズは、もうそろそろ棚上げにすべき時期に来ているのではないか。

では、中居をMCとしてここまで成長させることになった内なる思いはいったいどこにあるのだろうか。

California
i LOVE YOU

スイカ

両目の視力は0.1前後。プライベートではメガネが欠かせない

「森！ いつ帰ってくるの⁉」

「プライドとか見栄とか、いろんな物をぼくは捨てています。そうしないとトークはできない。置かれた環境や接する相手によって、キャラを変えることもあります。ちょっといやらしい考え方かもしれないけど……」

中居はトークに私情を挟まない。自分の意見は〝白〟であっても、面白いと思えば〝黒〟だという。こうした考え方は早い時期からあった。

『TK MUSIC CLAMP』の司会を、小室哲哉から禅譲された第1回のオンエア。迎えたゲストは前の週までMCをしていた小室だった。

当時、小室は時代の寵児としてカリスマ視される一方、いわゆる小室サウンドというダンスシーンの隆盛を快く思わない音楽関係者からはうとまれていた。加えて長者番付の常連ということも反感を買い、番組に出演したアーティストから、収録中に強烈な皮肉を見舞われることもあった。そうした辛辣な場面を、そつなくこなしてきた小室に中居はこのように述べている。

「（小室を懲らしめてやろうとムキになってくるゲストに対して）小室さんには、『俺も言ってやろう』っていう感じがなかったんで、自分の気持ちをストレートにぶつけている人のほうが情けなく見えて……。だから小室さんのほうが大きく見えたりするんですよね」

デビュー前後は、しばしば感情的になって、突っ走った。しかしその一方で、司会、バラエティでトップに立ちたいという思いを大切にして努力を惜しまなかった。もちろん事務所サイドの強力なバックアッ

Masahiro Nakai's youthful days

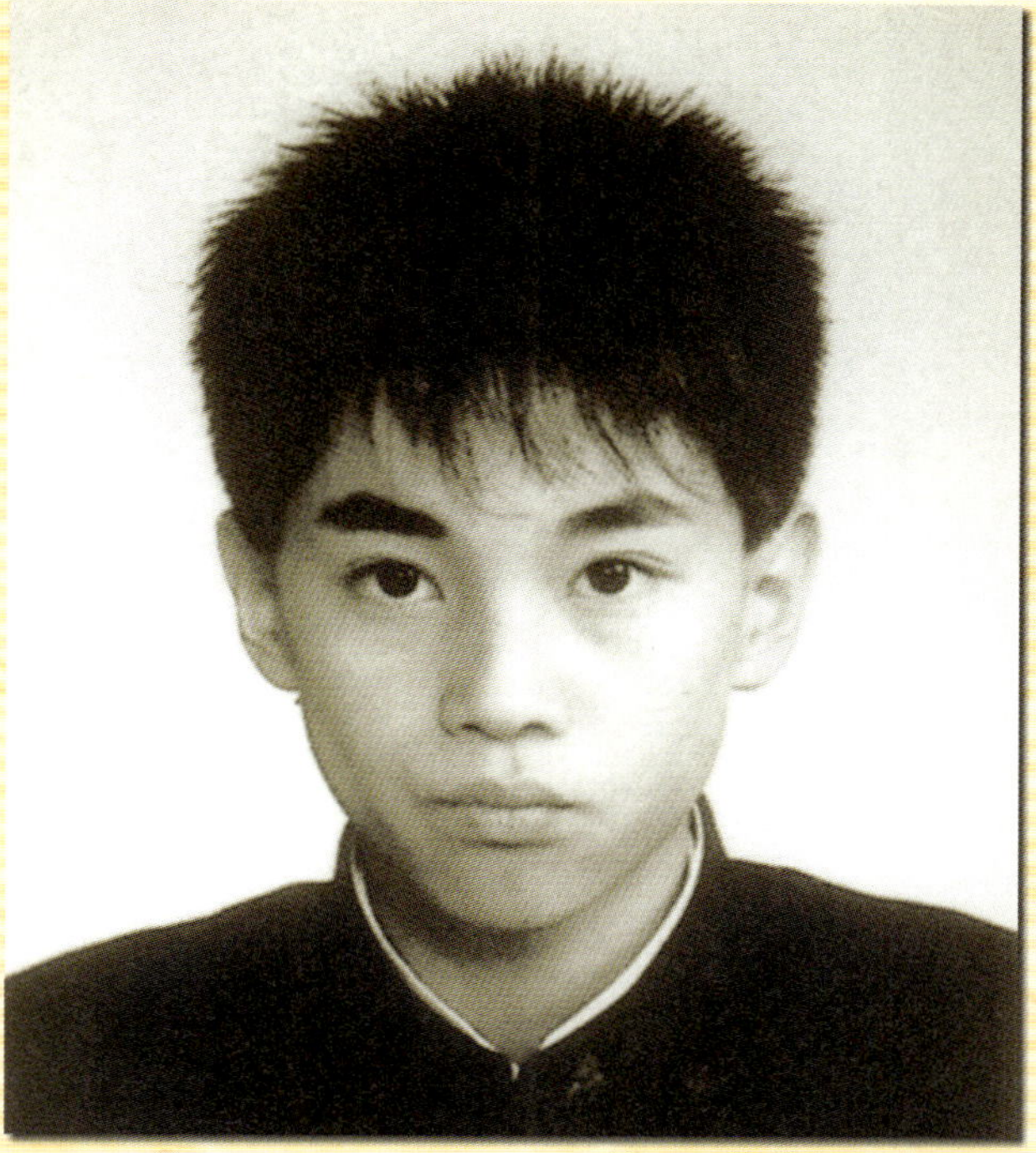

ジャニーズ入所は1987年。レッスンに真剣に取り組みはじめたのは「このままじゃいけない」と気がついた高校入学後だ。家族や学校の先生の反対を押し切って,東京の高校に転校。合宿所生活を送ることに

森且行が脱退表明したのは96年5月。突然の脱退にふだん感情を露にしない中居が「俺はそんなに頼りないリーダーだったのか」とスマスマの収録中に号泣。MCが急遽木村に変わる一幕もあった

プなしには、MC・バラエティのスペシャリストとしての成功はなし得なかっただろうが、とにかく中居の成長ぶりは周囲の期待を完全に上回っていた。

95年、中居はこれまでになく注目を浴びた。

ドラマ『味いちもんめ』、『輝く季節の中で』の2本に主演した上に、レギュラーラジオ番組『中居正広のWOO YAH SMAP』、『中居正広のSOME GIRL'SMAP』がスタート。加えて『サンデージャングル』、『生さんま みんなでイイ気持ち!』にレギュラー出演という具合である。それまでの低迷ぶりが嘘のように、中居は大車輪の活躍を見せ始める。

翌96年も『味いちもんめ』の続編がオンエアされ、陣内孝則と『勝利の女神』で共演、5月には『TK MUSIC CLAMP』のMCに抜擢されるなど絶好調だった。

そして96年5月。

森且行のSMAP脱退が明らかになる。結果的にこの出来事が中居の成長を加速させる強力な触媒となった。

96年5月29日オンエアの『TK MUSIC CLAMP』。

中居が司会を任されてから3回目の放送に出演したのは、森だった。アーティストをゲストとして招く番組にSMAPではなく、森個人を登場させた。

「こんばんは。森且行です」

「どうもこんばんは。森君は最後ですね。もう世間の人の前にこういうふうに出るのは」

「うん、そうですね」

で始まるこの回は、中居が森の思い出話を語り、今後の森の人生にエールを送るという内容だった。

デビューしたての頃、森が生本番中にキレて、一般人に延髄切りを見舞った話、六本木でチーマーに因縁を付けられケンカをしたことなど、若さゆえのエピソードに加え、森のオートレーサー挑戦・合格までの葛藤と余波など、夢を語り、涙と汗を流してきた男が率直な思いを赤裸々に語った。番組内で森はこんなコメントを残した。

「ずぅっと、一番でいてほしい。絶対に」

森のこの言葉を受け、中居は、呟くように、

「そうだよな、一番じゃないとダメだよな」

と返した。

「俺もそうだな、森になんか贈るとしたら……。やっぱり順位だったり記録にね、まあ勝負の世界だから、もちろん一番にならなきゃだめだけど、……感じのいい人で、今まで通り感じのいい人であって欲しい」と続けた。同じ夢に向かって走り続けた森への、新たなる人生のスタートに向けたはなむけの言葉である。と同時に、これからも芸能界で生き抜いていく自分自身へのエールであり、戒めのようでもある。

果たして中居が公衆の前で自分の本心をあからさまに出したのは、これが最後ではないだろうか。仮に本心を語ったとしても、中居は必ずジョークでお茶を濁し、決して本音は明かさない。真実を語っているようにみせて、最後に「嘘です」といってすべてをひっくり返すのだ。

中居は森の脱退を機に、人生という名のギアを一段上に入れた。

96年7月13日、関西ローカルながら『中居くん温泉』（読売テレビ）がオンエアを開始。10月8日には『ナニワ金融道2』（フジテレビ系）、10月15日からは『うたばん』（TBS系）、11月12日からは『超もらい泣きスペシャル2』（フジテレビ系）、11月16日には『プロ野球好珍プレー大賞』（日本テレビ系）と、まるで1

M.C. on a 紅白

vol.2

'08

第59回紅白では白組の司会を担当。3年ぶりの視聴率40％超えにくわえて白組の勝利と、最高の結果に。紅白の司会は通算5回目。50年以上の歴史をもつ同番組でも、NHKのアナウンサーを除けばトップタイの快挙だ。かつて、アイドルの枠を超えてここまで活躍した者がいただろうか?

08 年、中居は古田敦也から「日本一の MC」と絶賛された。MC は一瞬のひらめき、話すタイミング、その場の空気を読むといった職人芸が必要とされる。目に見えない地道な努力の積み重ねが必要だ。プロ野球の頂点を極めたプレイヤーのこの言葉は、忘れられないものになるに違いない

000本ノック状態に突入している。

オートレースの世界に飛び込んでいった森と交わした約束を決して反古《ほご》にはできないのだと、自らの仕事への取り組みぶりで証明しようとしているかのようだった。

時は流れて09年、1月31日。テレビ朝日の開局50周年記念番組『SmaSTATION!! presents SMAPがんばりますっ!!』。

これまでのSMAPの秘蔵VTRを用いて、彼らの魅力に迫ろうというこのスペシャル番組で、奇《く》しくも放送されたのが『TK MUSIC CLAMP』で2人が触れた乱闘シーンだった。森の延髄切りは寸前でカットされていたが、当時のメンバーの〝若さ〟と〝熱さ〟は十分伺えた。しかし、それだけでは納得できないと考えたメンバーがいた。

偶然にもこのオンエアの前々日。森は川口オートの「第57回G1開設記念グランプリレース」を制し、レーサーとして一つの頂点に立っていた。

乱闘VTRの紹介を終えると、口火を切ったのは木村だった。

「僕の記憶だと、一番いい映像がカットされてますよね。ね? 森のハイキックが、カットされてますよね」

これを受け中居が、「あれ映せないでしょ。森、捕まっちゃうでしょ」

と苦笑い。

「彼もねえ、この間、G1、初制覇しましたから。(香取の「おめでとう!」の合いの手に再び)あそこ見たかったんだけどなぁ」

という木村に中居が間髪入れず、

「森！　いつ帰ってくるの⁉」

と叫ぶ。

結成から下積み時代を共に生き、トップアイドルへと上っていく中で、森の存在は消しようがない。また、「一番になる」というお前との約束があるから、頑張ってこられた。

はっちゃけた中居の笑顔の裏には、そんな気持ちが滲んでいたように思う。

あえて困難に挑もう

紅白に司会として参加すること5度。今や国民的ＭＣといわれる中居だが、初めてそんな評価を受けるキッカケになった仕事はなんだろうか。

やはり誰もが思い浮かべるのは、97年末に白組司会として初抜擢をうけた第48回ＮＨＫ紅白歌合戦だろう。当時、中居は25歳。

「予想より早かった」

意外にも本人は冷静にふり返る。

もちろん芸能界に生きる人間として紅白出場は大きな栄誉、ステータスであるのは間違いない。だが、ＭＣ中居にとって、やりがいという点で紅白は、『ＦＮＳ1億2700万人の27時間テレビ』や、民放のオリンピック特番の司会などと同列ではないのだ。

なぜなら、徹底したリハーサルを行なう紅白の司会にアドリブはいらない。

対して同じ司会者としての参加ながら、バラエティ番組は瞬間の妙が命である。瞬発力や発想のおもし

97年7月『SMAP 1997 “ス” ～スバらしい! ステキな! スゴイぞ! スーパースペシャルコンサート～』を開催。9ヶ所26公演。この年、“SMAPの最後方を走る男”と揶揄された草彅が『いいひと。』でブレイク。SMAPの人気は不動のものとなった。中居個人もドラマ2本、冠バラエティ2本、そして最年少での紅白白組司会選出と、大きな飛躍の年となった

ろさがすべてに優先する。

故に、中居は紅白にはどこか熱くなれない。

中居は「個人の仕事でポイントになった仕事」として3つあげている。

それは『FNS27時間』と『笑っていいとも!』、そして「オリンピック特番の司会」。

いずれも胃がキリキリと痛むといわれる生放送のバラエティ番組ばかりだ。

その飽くなきチャレンジング・スピリッツ、渇望感はどこから来るのだろう?

中居は09年で37歳を迎える。最近は、生き甲斐になる仕事をやりたいと思うようになったという。

紅白の常連、テレビ局の特番MC、日本を代表するトップアイドル……。芸能界の王道のど真ん中を歩む男は、あえて困難に挑むことで活路を見いだそうとする。

中居の飽くなき挑戦は、これからが本番なのかもしれない。

[本文参考文献]
週刊文春（2008年5月1.8日号）
週刊女性（2007年11月13日号）
ぴあ（2008年11月20日号）

「ソロでは笑ってもらうのがアリでも、SMAPが集まったときは常にカッコよくなきゃいけない」
という中居。SMAPというグループをだれよりも大事にしているリーダーだ

4月 7日／『中居正広の家族会議を開こう!』(TBS系)がオンエア。『うたばん』のスタッフにお願いして立ち上がったといわれる中居プレゼンツ番組
4月11日／『グッドニュース』(—6月27日/TBS系)オンエア
4月30日／『ナニワ金融道4』(フジテレビ系)がオンエア
7月1-4日／『THE SECRET LIVE』(紀伊國屋サザンシアター)に香取、草彅とともに参加。脚本は鈴木おさむが担当
7月17日・18日／『'99 FNS 1億2700万人の27時間テレビ夢列島—てれずにいいこと、てれずに楽しく』(フジテレビ系)に司会で出演
9月 ／テレビ朝日アナウンサー、下平さやかとの熱愛が報じられる
10月 7日／『とんねるずのみなさんのおかげでした』(フジテレビ系)の『食わず嫌い王決定戦スペシャル』に出演
10月10日／東京ドームで行なわれた『ジャニーズ運動会』の野球にピッチャーとして参加
11月12日／中居と香取の司会によるバラエティ番組『今夜だけフライデーナイトSMAP』(フジテレビ系)がオンエア
11月20日／『LOVE LOVEあいしてる』(フジテレビ系)にゲスト出演
12月25日／『めちゃ×2イケてるッ!』(フジテレビ系)にゲスト出演
★CM:『スカイパーフェク!TV』『資生堂“UNO”』『ロッテ“クランキーチョコレート・カカオの恵み”』『ロート“Ziファイニュー・Ziフラッシュ”』『NTT東日本“ISDN”』

2000年

1月 2日／『体育会系大新年会スペシャル』(日本テレビ系)に出演
1月 3日／『超豪華密着150分マジ勝負スペシャル』(フジテレビ系)に出演
3月25日／『中居正広のボクらはみんな生きているスペシャル』(フジテレビ系)がオンエア
3月29日／『明石家マンション物語スペシャル』(フジテレビ系)にゲスト出演
4月15日／『伝説の教師』(—6月24日/日本テレビ系)がオンエア開始
7月 8・9日／『2000 FNS1億2700万人の27時間テレビ夢列島—家族愛LOVE YOU』(フジテレビ系)に司会で参加
9月25日／『ナニワ金融道5』(フジテレビ系)がオンエア
10月 ／『THE独占サンデー』(日本テレビ系)内で「中居正広のブラックジャイアンツ化計画」にレギュラー出演
★CM:『スカイパーフェク! TV』『ロッテ“カカオの恵み・ブラックブラックガム・アーモンドチョコレート”』『ロート“Ziファイニュー・Ziフラッシュ”』『資生堂“UNO”』『NTT東日本“ISDN”』『サントリー “スーパー HOPS”』『宝くじ“ロト6”』

2001年

1月 2日／『体育会系大新年会スペシャル』(日本テレビ系)に2000年に引き続き出演
1月14日／『白い影』(—3月18日/TBS系)が放送開始。ストイックな医師を演じた
4月11日／バラエティ番組『ザ! 世界仰天ニュース』(日本テレビ系)にレギュラー出演開始。笑福亭鶴瓶とともに司会を務める
10月19日／『中居正広の金曜日のスマたちへ』(TBS系)がスタート
12月22日／『SmaSTATION!!』(テレビ朝日系)に出演。エンディング間際に乱入するビックリ企画だった
12月29日／『体育会系大忘年会スペシャル』(日本テレビ系)に出演
★CM:『スカイパーフェク! TV』『ロッテ“ブラックブラックガム・アーモンドチョコレート”』『ロート“Ziファイニュー・Ziフラッシュ”』『資生堂“UNO”』『宝くじ“ロト6”』『吉野家“牛丼”』『サントリー“風呂あがり”』『大王製紙“エリエールフレンド”』

2002年

3月29日／『凶悪事件ファイル〜痕跡は真実を語る』(日本テレビ系)にナビゲーターとして参加
4月 7日／『巨人中毒』(日本テレビ系)がスタート。司会を担当
4月13日／『デリバリー・スマップ デリ!スマ』(フジテレビ系)がオンエアを開始。『サタ☆スマ』終了を受けて始まったものの、9カ月で打ち切りに
6月 8日／映画『模倣犯』(東宝配給)公開
6月14日／『ぐるぐるナインティナイン』(日本テレビ系)の『ゴチになります!』にゲスト出演
9月26日／『松本人志・中居正広VS日本テレビ 持ってく? 1000万円』(日本テレビ系)に出演
10月13日／『別れてもチュキな人』(—2004年7月4日/日本テレビ系)に司会として出演。2003年4月に『ワカチュキ』に改名された
12月28日／『めちゃ×2イケてるッ! スペシャル』(フジテレビ系)に出演
12月30日／『白い影・特別編』(TBS系)がオンエア
★CM:『スカイパーフェク! TV』『ロッテ“アーモンドチョコレート”』『資生堂“UNO”』『宝くじ“ロト6”』『大王製紙“GOO.N”』『吉野家“牛丼”』

2003年

1月 2日／『白い影 直江庸平を憶えていますか』(TBS系)がオンエア
3月29日／『鑑識の神様〜凶悪事件ファイル〜(日本テレビ系)にナビゲーターとして出演
4月 3日／『中居正広の家族会議を開こう! 8』(TBS系)がオンエア。これがシリーズ最後の放送となる
4月12日／『松本人志&中居正広VS日本テレビ 日本テレビに借金を返してください!衝撃第2弾は朝まで200本勝負だ!!!』(日本テレビ系)に出演
12月30日／『体育会系大忘年会スペシャル』(日本テレビ系)に司会として参加
★CM:『スカイパーフェク! TV』『ロッテ“アーモンドチョコレート”』『資生堂“UNO”』『大王製紙“GOO.N”』『吉野家“牛丼”』

2004年

1月 4日／『金スマ波瀾万丈』の拡大スペシャル番組『キンスマGOLD』(TBS系)がオンエア
1月18日／『砂の器』(—3月28日/TBS系)がオンエア
7月 3日／『めちゃ×2イケてるッ!』内のコーナー『27時間テレビへの道』に出演
7月18日／「学習バラエティ」と銘打った『中井正広のブラックバラエティー』(日本テレビ系)がスタート
7月24・25日／『FNS 27時間テレビ めちゃ×2オキてるッ! 楽しくなければテレビじゃないじゃ〜ん!!』に司会として出演
8月14日／『アテネオリンピック2004』(TBS系)のメインキャスターに就任
12月25日／バラエティ番組『めちゃ×2 イケてるッ! スペシャル』(フジテレビ系)の『日本一周打ち上げの旅』に出演
12月30日／『体育会系大忘年会スペシャル』(日本テレビ系)に司会として参加
★CM:『ロッテ“アーモンドチョコレート”』『大王製紙“GOO.N”』『日清食品“どん兵衛”』『サントリー “BOSS”』

2005年

1月 3日／『ナニワ金融道6』(フジテレビ系)がオンエア
1月 4日／『中居正広スポーツ革命最強ニッポンへの道!』(テレビ朝日系)がオンエア
2月12日／自ら志願して『SmaSTATION-4』(テレビ朝日系)に出演。インフルエンザで倒れた香取の代理として出演する草彅をサポート
5月29日／『スーパー競馬』(フジテレビ系)に出演
10月 2日／『中居正広のテレビ50年名番組だョ! 全員集合笑った泣いた感動したあのシーンをもう一度夢の総決算スペシャル』(TBS系)が放映
12月21日／『体育会系大忘年会スペシャル』(日本テレビ系)が放映
12月22日／小田和正の『クリスマスの約束“大好きな君に”』(TBS系)に特別ゲストとして登場
★CM:『JRA』『ライオン“クロンサン”』『日清食品“どん兵衛”』『明治製菓“明治アーモンドチョコレート”』

2006年

1月 7日／『中居正広のスーパードラマフェスティバル』(フジテレビ系)がオンエア
2月10日／トリノ五輪メインキャスター(TBS系)として活躍
6月20日／流行性角結膜炎のためフジテレビ系『笑っていいとも!』を欠席。94年4月のレギュラー出演開始以来、欠席はこれが初めて
7月15・16日／『FNS 26時間テレビ 国民的なおもしろさ!史上最大!! 真夏のクイズ祭り26時間ぶっ通しスペシャル』(フジテレビ系)に司会として出演。通算5回目の登板に
12月24日／年末特別番組『中居正広のイケてるアスリート決定戦2006』(日本テレビ系)に出演
12月31日／『NHK紅白歌合戦』に白組の司会として参加
★CM:『JRA』『日清食品“どん兵衛”』『明治製菓“明治アーモンドチョコレート・カカオスタイル”』『ダンロップ“デジタイヤ”』

2007年

2月 9日／ジャニーズの公式HPでフジテレビ中野美奈子アナとの結婚報道を完全否定
5月22日／『私は貝になりたい』(福澤克雄監督)の主演が発表される。映画出演は6年ぶり
8月15日／エイベックス所属の倖田來未との交際が報道される
12月 1日／『アジア野球選手権』(テレビ朝日系)にサポートキャプテンとして参加
12月31日／『NHK紅白歌合戦』で紅組の司会を務める
★CM:『日清食品“どん兵衛”』『明治製菓“明治アーモンドチョコレート”』『住友ゴム工業“ダンロップ・デジタイヤ LE MANS”』『大塚製薬“ポカリスエット”』

2008年

8月 ／『北京オリンピック2008』(TBS系)のメインキャスターに
11月22日／映画『私は貝になりたい』(東宝配給)公開。同映画は公開後3ヶ月で180万人を動員するなど記録的な大ヒットとなった
12月28日／清水豊松役で日刊スポーツ映画大賞・主演男優賞を受賞
12月31日／3年連続で『NHK紅白歌合戦』の司会を務める
★CM:『明治製菓“アーモンドチョコレート”“明治ミルクチョコレート”』『日清食品“どん兵衛”』『ダンロップファルケンタイヤ“ダンロップデジタイヤ”』

2009年

4月 ／主演する月9ドラマ「タイトル未定」(フジテレビ)がオンエア予定

PROFILE of Masahiro Nakai 1972～2009

1972年
8月18日／神奈川県藤沢市に三男坊として誕生

1979年
4月　／『藤沢市立鵠沼小学校』入学。その後、『藤沢市立明治小学校』に転入。少年野球チームに入部し、朝から晩まで野球漬けの日々を送る

1985年
4月　／『藤沢市立明治中学校』に入学。坊主になるのがイヤという理由で野球部ではなくバスケットボール部に入部するも、すぐに退部

1987年
ジャニーズ事務所に入所

1988年
4月　／『私立平塚学園高等学校』入学。その後、『東京都立代々木高等学校』定時制に転入し、合宿所での生活を開始

1989年
10月10日／『時間ですよ平成元年』(—12月26日/TBS系)に藤井フミヤ演じる宝田彦一の弟・ヒロシ役で出演。中居の友達役として剛と慎吾も参加

1991年
1月 2日／年始スペシャル時代劇『若さま侍捕物帳　陰謀渦巻く江戸城大奥の秘密』(テレビ朝日系)に出演。その他ジャニーズから東山紀之、内海光司、佐藤アツヒロらが参加
4月 8日／『学校へ行こう!』(—6月24日/フジテレビ系)第一話に主演。ちなみに第二話は稲垣が主演

1992年
4月 6日／『学校へ行こう! SPECIAL ～旅立ちの朝に～ (フジテレビ系)に稲垣とともに出演
5月 4日／初の舞台『レインボー通りの人々』(—5月31日/東京宝塚劇場)に出演

1993年
1月 8日／『腕におぼえあり3』(—3月12日/NHK)に出演
1月28日／単発ドラマ『ドラマシティ'93　愛よ、眠らないで』(日本テレビ系)に出演。教師役の大原麗子相手に「俺、先生を抱きたいよ…」というセリフは、今やファンの間では伝説となっている
2月18日／ロスから帰国後、肺炎で入院。休養を余儀なくされる
3月 6日／稲垣との共演となった映画『プライベートレッスン』(ワーナー・ブラザース配給)が公開
3月19日／4週間の休養を経て『ミュージックステーション』(テレビ朝日系)で復帰を飾る
10月10日／『アイドルオンステージ』(NHKBS－2)で司会に挑戦
11月15日／『中居正広のオールナイトニッポン』(—94年10月/ニッポン放送)がスタート

1994年
3月12日／オムニバス形式の映画『第2回欽ちゃんのシネマジャック』(東宝配給)が公開。「なんかヘン? PART2」に出演
4月16日／『笑っていいとも!』(フジテレビ系)にレギュラー出演開始
4月24日／『君に伝えたい"恋するシティボーイ～東京純愛症候群"』(TBS系)がオンエア。二浪して東京の大学に入学したものの、都会になじめない男・俊介役で参加
10月 1日／生放送情報バラエティ番組『OH!エルくらぶ』(—96年3月30日/テレビ朝日系)に出演開始
10月20日／バラエティ番組『ダウトをさがせII』(—95年2月16日/TBS系)に和田アキ子や神田正輝とともに、レギュラー解答者として参加
★CM:『郵政省"郵パック"』『ロッテ"クリスプスティック"』

1995年
1月12日／『味いちもんめ』(—3月16日/テレビ朝日系)にレギュラー出演を開始。料亭「藤村」で下働きする硬派な板前・伊橋悟役を演じた
4月 9日／レギュラーラジオ番組『中居正広のWOO　YAH　SMAP』(—96年9月29日/NACK5)がスタート
4月20日／『輝く季節の中で』(—6月29日/フジテレビ系)がオンエアを開始。共演は石田ひかり、保阪尚輝、篠原涼子など
7月 1日／レギュラーラジオ番組『中居正広のSOME GIRL' SMAP』(ニッポン放送)がオンエアスタート
9月26日／『ジャングルTV ～タモリの法則～』(—02年9月17日/TBS系)に出演
10月 4日／『世にも奇妙な物語　95秋の特別編～ 23歳の老人』(フジテレビ系)に老人の体を疑似体験するアルバイトの役で出演
10月 8日／『サンデージャングル』(—00年12月24日に降板/テレビ朝日系)でスポーツキャスターに挑戦
10月 8日／『輝け! 隣太郎』(—12月24日/TBS系)にゲスト出演
10月20日／『生さんまみんなでイイ気持ち!』(—95年12月22日/フジテレビ系)にレギュラー出演
★CM:『日本生命"ヤングリーグi:ne/夢年金・夢いっぱい夢いちばん"』『味の素"クノール具だくさんたまごスープ"』『三菱自動車"ミラージュ"』

1996年
1月11日／『味いちもんめ2』(—3月21日/テレビ朝日系)がオンエアを開始
2月16日／『ナニワ金融道』(フジテレビ系)が放映開始。灰原達之役を好演
3月29日／『誰かが誰かに恋してる』(TBS系)に出演。まだ見ぬパソコンの向こうにいる女性は、なんと森光子だったというオチが……
4月16日／『勝利の女神』(—6月25日/フジテレビ系)に塾講師・吉本康平役で出演
5月15日／『TK MUSIC CLAMP』(フジテレビ系)で司会に挑戦。その後、97年6月11日に降板
7月13日／東京の下町にある銭湯を舞台にしたバラエティ番組『中居くん温泉』(—97年3月/よみうりテレビ系)がオンエアを開始。その後、97年4月にゴールデンに進出した
9月29日／『ナイナイの出世街道モテさせてくれてありがとうスペシャル』(フジテレビ系)に出演
10月 2日／『世にも奇妙な物語～不定期バスの客～』(フジテレビ系)に出演。犯罪を犯した後、自殺志願者ばかりが乗客のバスに乗り込んでしまった男を演じた
／『明石家さんまのスポーツするぞ』(フジテレビ系)に出演
10月 8日／『ナニワ金融道2』(フジテレビ系)がオンエア
10月15日／音楽バラエティ番組『うたばん』(TBS系)がオンエアを開始。とんねるずの石橋貴明とともに司会を担当
11月12日／『超もらい泣きスペシャル2』(フジテレビ系)で司会を担当
11月16日／『プロ野球好珍プレー大賞』(日本テレビ系)に司会で参加
12月24日・25日／『ラジオ・チャリティー・ミュージックソン』(ニッポン放送)にメインパーソナリティとして参加
★CM:『日本生命"愛と勇気・夢いっぱい夢いちばん"』『リコー"プリテール300・プリテール300S"』『ダイキン工業"ワイドリビングエアコン"』『NTT"ISDN (64ダンス)"』『三菱自動車"ミラージュアスティ"』『エースコック"スーパーカップ・大盛りいかヤキソバ"』『ロッテ"クランキーチョコレート・シュガーレスガム"』『日本テレビ"劇空間プロ野球"』

1997年
1月 2日／『味いちもんめ　新春ドラマスペシャル』(テレビ朝日系)がオンエア
4月12日／『中居くん温泉'S』(—9月27日／よみうりテレビ)がオンエアを開始
7月11日／『最後の恋』(—9月19日/TBS系)に慶陽大学医学部に通う医学生・夏目透役で主演。脚本はヒットメーカー・北川悦吏子。「共演の常盤貴子を"堕とす"とスタッフに公言したが玉砕」という記事が週刊誌を賑わせた
9月24日／ビートたけしと中居の司会によるドッキリバラエティ番組『祝ベネチア映画祭大賞・ビートたけしのD-1グランプリ! 全世界を笑わせてやる宣言!!』(テレビ朝日系)がオンエア
10月 1日／『中居くん温泉H』(—98年3月25日/日本テレビ系)がスタート
10月 9日／『"中居くん温泉H" VS "天声慎吾"』(日本テレビ系)に出演
10月29日／クイズバラエティ番組『中居正広のボクらはみんな生きている』(—98年9月16日/フジテレビ系)がオンエアを開始。司会を担当することに
11月21日／写真週刊誌が報じたノーパンしゃぶしゃぶ嬢とのスキャンダルについて会見を行なう
12月24日・25日／『ラジオ・チャリティー・ミュージックソン』(ニッポン放送)にパーソナリティとして出演
12月31日／『NHK紅白歌合戦』で初司会。それまで3年連続で司会を担当した古舘伊知郎を抑えての抜擢、史上最年少の白組司会者となる
★CM:『サントリー"スーパー HOPS"』『日本生命"ヤングリーグフォワード"』『リコー"プリテール300"』『ダイキン工業"ワイドリビングエアコン"』『NTT"ISDN"』『ロッテ"クランキーチョコレート"』『三菱自動車"ミラージュ・RVR"』『クノール"北海道ポタージュ"』

1998年
1月 2日／『味いちもんめ 新春ドラマスペシャル』(テレビ朝日系)がオンエア。現状このスペシャルがシリーズ最終作となっている
1月 5日／『ナニワ金融道3』(フジテレビ系)がオンエア
1月11日／『鶴瓶・中居くんのナニワ漫遊道』(フジテレビ系)がオンエア
4月 4日／『めちゃ×2イケてるッ! ツイてるねノッてるね状態みたいなスペシャル!!』(フジテレビ系)にゲスト出演
4月13日／『ブラザーズ』(—6月29日/フジテレビ系)がオンエアを開始。実家の寺で副住職を勤める次男坊を演じた
5月 2日／『めちゃ×2イケてるッ!』(フジテレビ系)に出演
7月18日・19日／『'98 FNS 1億2700万人の27時間テレビ夢列島—てれずにいいこと、てれずに楽しく』(フジテレビ系)に司会で参加
9月20日／情報バラエティ番組『おしゃれカンケイ』(日本テレビ系)にゲスト出演
10月10日／『日本テレビ音楽の祭典』(日本テレビ系)に司会として参加
10月31日／複合型バラエティ番組『サタスマ』(フジテレビ系)で『中居正広のボク生きII』がスタート
12月14日／『SMAP×SMAP特別企画"中居のこれが愛なんだ"』(フジテレビ系)がオンエア
12月31日／『NHK紅白歌合戦』に2年連続で白組の司会として参加
★CM:『サントリー"スーパー HOPS"』『ダイキン工業"光クリーン"』『NTT"ISDN"』『ロッテ"クランキーチョコレート"』『味の素"クノールカップスープ"』『三菱自動車"RVR"』『資生堂"UNO"』

1999年
1月 1日／『新春かくし芸大会』(フジテレビ系)に司会として参加
3月30日／『FNS春の祭典 ようこそ中居旅館へ! 話題のドラマ＆新番組大宴会』(フジテレビ系)に司会として出演

RECO BOOKS

《編著者》

金子　健

1963年11月29日生まれ。福島県出身。立教大学卒業後、大手出版社を経て96年独立。以後、ノンフィクションを中心に取材・執筆・編集活動を続ける。メインフィールドは音楽、特にJ-POPに造詣が深い。著者に『平井堅 軌跡』『SMAP 5つの物語』『タッキー&翼 絆伝説』『KAT-TUN ダイナマイト☆ブレイク』『堂本光一 お宝フォトBOOK SHOW TIME』『関ジャニ∞お宝フォトBOOK 昇竜の巻』『NEWS お宝フォトBOOK 誓い』『嵐お宝フォトBOOK BIG WAVE』(以上アールズ出版)などがある。

Jr. 倶楽部

渋谷・原宿を活動拠点にして、主にジャニーズJr.の動向を追うカメラマンと編集者の取材グループ。近著に『NEWS お宝フォトBOOK 〜誓い〜』『ジャニーズJr. お宝フォト白書〜Face〜』『SMAP お宝フォトBOOK 〜Festivo!〜』『Hey!Say!JUMPお宝フォトBOOK BEST編』『V6 岡田准一お宝Photo&Episode〜魂の原点〜』『NEWS Photo&Episode 〜 飛 翔 〜』『KAT-TUN Photo&Episode 〜 Tough Guys 〜』などがある。

■制作協力・レイアウト／㈱エム企画
■カバーデザイン／藤瀬和敏
■本文組版／字打屋

SMAP
中居正広
Photo&Episode
〜挑戦の軌跡〜

2009年3月31日　初版第1刷発行

編著者	金子　健&Jr.倶楽部
発行者	森　弘毅
発行所	株式会社アールズ出版
	東京都文京区本郷1-33-6 ヘミニスⅡビル 〒113-0033 TEL03-5805-1781　FAX03-5805-1780 http://www.rs-shuppan.co.jp
印刷・製本	城南グラビヤ株式会社

ISBN978-4-86204-103-6 C0095